La procédure internationale de redressement selon le Règlement sanitaire international

Collection « Études africaines »

dirigée par Denis Pryen et son équipe

Forte de plus de mille titres publiés à ce jour, la collection « Études africaines » fait peau neuve. Elle présentera toujours les essais généraux qui ont fait son succès, mais se déclinera désormais également par séries thématiques : droit, économie, politique, sociologie, etc.

Dernières parutions

Charles ZAGOH, *Le franc CFA : une monnaie en débat*, 2024.
Balla CISSÉ, *Le mirage de la IVe République du Mali. 22 juillet 2023-6 juillet 2024*, 2024.
Ernest-Marie MBONDA, *Pouvoir, droits et justice en Afrique, Essais de philosophie politique appliquée*, 2024.
Jean-Alexis MFOUTOU, *Stigmatisation et discrimination au Congo-Brazzaville. L'homme devient étranger à l'homme*, 2024.
Jean OTEMIKONGO MANDEFU YAHISULE (dir.), *Gouverner l'État en temps de crise, Survivre à la mort programmée de l'État congolais*, 2024.
Joachim E. GOMA-THETHET, *Les cols bleus de Pointe-Noire. La révolution congolaise au bout de la chanson (1965-1972)*, 2024.
Stéphane NGWANZA, Rodrigue TASSE (dir.), *La francophonie dans les relations internationales contemporaines. Un instrument de projection de l'Afrique dans un monde multipolaire*, 2024.
Sidiki KABA, *Modélisation de la mortalité des enfants de moins de 5 ans en guinée, Apport des modèles multiniveaux et des méthodes de décomposition*, 2024.
Konin AKA, *Le patrimoine musical traditionnel et son rôle dans la société ivoirienne. Tome 2*, 2024.
Konin AKA, *Les instruments et genres musicaux traditionnels en Côte d'Ivoire. Tome 1*, 2024.

Christine Diana Ngo Moussi Nsola

La procédure internationale de redressement selon le Règlement sanitaire international

Préface du Professeur Njock Louis Richard

L'Harmattan

DU MEME AUTEUR :

1. ***Le droit au logement au Cameroun : de la normativité à la justiciabilité,*** **EUE, Saarbrücken, 2012, 109 pages.**

2. **Techniques de rédaction juridique, EUE, Saarbrücken, 2012, 50 pages.**

3. **« Partenariats publics-privés en Afrique » in *L'Emergence du Droit en Afrique,* PUCAC, Yaoundé, 2015, 201 pages.**

4. ***PLAIDOYER CONTRE LA PANDEMIE : problématique du médicament en Afrique subsaharienne:*** **cas du Cameroun, EUE, 17 Meldrum Street, Beau Bassin 71504, Mauritius, 2020,.**

5-7, rue de l'École-Polytechnique – 75005 Paris
www.editions-harmattan.fr
ISBN : 978-2-336-46519-7
EAN : 9782336465197

SOMMAIRE

Liste des encadrés et graphiques

ABRÉVIATIONS

ADPIC	Aspects des Droits de la Propriété Intellectuel relatifs au Commerce
Al.	Alinéa
AMM	Autorisation de Mise sur le Marché
AMS	Assemblée Mondiale de la Santé
Art.	Article
BEAC	Banque des Etats de l'Afrique Centrale
BVMAC	Bourse des Valeurs Mobilières de l'Afrique Centrale
CDE	Convention relative aux droits de l'enfant
CDESC	Comité des droits économiques sociaux et culturels
CEEAC	Communauté Economique des Etats de l'Afrique Centrale
CEMAC	Communauté Economique et Monétaire de l'Afrique Centrale
COSUMAF	Commission de Surveillance du Marché Financier de l'Afrique Centrale
Covid-19	Coronavirus
CSPD	Coopération Sanitaire des Pays en Développement
CTPD	Coopération technique entre pays en développement
DCI	Dénomination commerciale international
DIS	Droit international de la santé
DESC	Droits Économiques Sociaux et Culturels
FMI	Fonds Monétaires International
OACI	Organisation de l'Aviation Civile Internationale
OHADA	Organisation pour l'Harmonisation en Afrique du Droit des Affaires
OIHP	Organisation Internationale d'Hygiène Publique
OIT	Organisation Internationale du Travail
OMC	Organisation Mondiale du Commerce
OMS	Organisation Mondiale de la Santé
ONSP	Observatoire National de Santé publique
OPS	Organisation Panaméricaine de la Santé
Para.	Paragraphe
PIB	Produit Intérieur Brut
RSI	Règlement Sanitaire Internationale
SRAS	Syndrome respiratoire aigu sévère
SSP	Soins de Santé Primaire
UDEAC	Union Douanière et Economique de l'Afrique Centrale
UEAC	Union Economique de l'Afrique Centrale
UMAC	Union Monétaire de l'Afrique Centrale
USSPI	Urgence de Santé Public à Portée Internationale
VIH	Virus de l'immunodéficience Humaine

PREFACE

Les réalités sanitaires des années 2000 – d'abord avec l'émergence ou la réémergence du syndrome respiratoire aigu sévère (SRAS) en 2002 (la première urgence mondiale de santé publique du XXIe siècle, à la fin de 2019), ensuite des cas de pneumonie grave sont apparus à Wuhan, en chine, puis se sont propagés rapidement à travers le monde, soit la maladie à coronavirus 2019 (COVID-19) - marquent sans doute un tournant décisif dans le nouvel ordre sanitaire international

Les cas de COVID-19 ont submergé les systèmes de santé de nombreux pays et provoqué une urgence de sante publique.

Dans cette mouvance, l'arrimage des politiques publiques en matière de santé des Etats membres de l'Organisation Mondiale de la Santé (OMS), et notamment de ceux de la zone Afrique - avec les prescriptions du Règlement sanitaire international (RSI (2005)) - serait une réelle « opportunité » de mise à jour de l'arsenal normatif national de chaque Etat de la zone CEMAC dont l'une des pierres angulaires serait axé sur le développement des capacités essentielles minimales en santé publique conformément aux prescriptions de l'OMS.

Le présent ouvrage qui se veut un instrument d'accompagnement de l'action tant du Gouvernement camerounais que de tous les professionnels de la santé, propose un arrimage des normes sanitaires internationales - basé essentiellement sur les procédures collectives d'apurement du passif et particulièrement à la procédure de Redressement – aux réalités sanitaires des années 2000.

Une telle analyse pourrait paraître audacieuse tant il reste vrai que le traitement des procédures collectives d'apurement passif relevant du domaine de la santé est – dans notre environnement – jusqu'ici l'apanage de l'Acte uniforme OHADA portant Organisation des procédures collectives d'apurement du passif, de la loi bancaire et de la loi sur les assurances et réassurances. Mais au vu des réalités sanitaires propres à notre zone géographique et au possible résurgences d'urgence de santé publique à portée internationale, il y lieu de s'intéresser à une telle approche positive du droit international de la santé dans tout processus national de normalisation sanitaire envisageable.

Loin d'être une œuvre exhaustive, au regard du domaine que l'auteur embrasse, cet ouvrage traite des procédures collectives d'apurement du passif des entreprises relevant du domaine de la santé dont l'intérêt est avéré pour ceux qui s'intéressent aux aspects juridiques de la Santé publique au Cameroun et en zone CEMAC. Cet ouvrage n'est pas le résultat d'un travail achevé, car il est susceptible d'être enrichi au cours des années à venir.

Je souhaite que vous en fassiez bon usage

Pr. NJOCK LOUIS RICHARD

RÉSUMÉ

Aux termes de ses articles 21 a) et 22, la Constitution de l'Organisation Mondiale de la Santé (O.M.S) confère à l'Assemblée Mondiale de la Santé (A.M.S) autorité pour adopter tels Règlements destinés « à empêcher la propagation des maladies d'un pays à l'autre » qui, une fois adoptés par l'Assemblée de la Santé, entrent en vigueur à l'égard de tous les Etats Membres de l'OMS qui ne les ont pas expressément refusés dans les délais prescrits.

Ce pouvoir quasi normatif reconnu à l'OMS s'est traduit par l'adoption du Règlement sanitaire international « le RSI » ou « le Règlement ».

Toutefois, l'histoire du Règlement est liée à la lutte contre les maladies.

Le Règlement sanitaire international adopté par l'Assemblée mondiale de la Santé en 1969, succédait au RSI adopté par la Quatrième Assemblée mondiale de la Santé de 1951. Le Règlement de 1969, qui couvrait à l'origine six « maladies quarantenaires » a été modifié en 1973 et 1981, principalement pour ramener le nombre de maladies de six à trois (fièvre jaune, peste et choléra) et pour marquer l'éradication mondiale de la variole.

Le Règlement sanitaire international (2005) adopté - à la suite de la dynamique créée par l'émergence du syndrome respiratoire sévère (la première urgence mondiale de santé publique du XXIe siècle) - par la Cinquante-Huitième Assemblée mondiale de la Santé le 23 mai 2005 et entré en vigueur le 15 juin 2007- a quant à lui – une portée qui n'est pas limitée à une maladie ou à un mode de transmission donné mais qui couvre «une pathologie humaine ou une affection, quelle qu'en soit l'origine ou la source, ayant ou susceptible d'avoir des effets nocifs importants pour l'être humain ».

C'est fort de cette situation que le même RSI (2005) fait obligation aux Etats Parties de développer des capacités essentielles minimales en santé, en utilisant les structures et ressources nationales existantes. Cependant, ramenée au contexte camerounais, on est en droit de s'interroger sur le sort réservé aux structures de santé, notamment les industries pharmaceutiques en difficulté, qui interviennent dans le vaste processus de la lutte contre les pandémies.

Le RSI (2005), à travers le traitement qu'il réserve aux structures nationales existantes, pénètre sans le vouloir le domaine jusqu'ici réservé aux droits des entreprises en difficulté, jusqu'ici l'apanage du système OHADA.

Pour ce faire, le présent ouvrage s'est ainsi attelé :

Premièrement : à comprendre la norme RSI (2005) et son impact dans le traitement des difficultés d'entreprises notamment celles relevant du domaine de la santé,

Deuxièmement : à étudier ses composantes, principalement celles se rattachant au monde des affaires auxquelles appartiennent – bien que relevant du secteur de la santé - la plupart des entités nationales devant intervenir dans la lutte contre la propagation internationale des maladies infectieuses,

Troisièmement : à analyser les différentes procédures collectives, notamment celles dites de « REDRESSEMENT », prescrites par le RSI (2005).

AVANT-PROPOS

Il y a quelques années, dans un précédent ouvrage, nous relevions la difficulté à rendre justiciables les droits économiques sociaux et culturels. Et surtout à se prévaloir de ceux-ci devant les instances nationales et même internationales. Cela serait dû notamment :

D'une part, aux dispositions dépourvues de caractère normatif qui constitueraient une entrave à l'émergence des droits économiques sociaux et culturels (DESC) dans nos systèmes africains, et

D'autre part, au fait que les DESC (à l'instar du droit au logement, du droit à la santé, du droit à l'éducation etc.) ne sont pas considérés comme des dispositions conventionnelles attributives de droits subjectifs et prescriptives d'obligations dans le système normatif actuel, cela participerait : d'un côté au manque d'harmonisation des législations nationales avec les conventions internationales et d'un autre côté, à la très grande mais regrettable ignorance des justiciables – notamment camerounais - des domaines des DESC[1].

De manière générale, il avait été question de s'interroger mieux de s'attaquer à la faiblesse de la norme pour justifier la difficulté de sa « *justiciabilité* ».

Toutefois, notre proximité à la pratique courante du droit des affaires devant les instances nationales a été l'occasion rêvée de réviser notre position de départ : à travers la mise en œuvre du Règlement sanitaire international (RSI 2005) dans le domaine particulier de la Santé. Cet instrument mondial fondamental pour la protection contre la propagation internationale des maladies applicable dans les matières qui relèvent du domaine de la Santé revêt toutes les caractéristiques de la Norme[2]. Et dans son application, il est une réponse à la problématique de la *justiciabilité des droits économiques sociaux et culturels et partant du droit à la santé*. En effet, l'application du Règlement sanitaire international en droit interne permet de « protéger le droit à la

---

[1] Christine Diana NGO MOUSSI NSOLA, Le droit au logement au Cameroun : de la normativité à la justiciabilité, Editions universitaires européennes, Saarbrücken, 2012, p 21-22.

[2] Le devoir-être comme catégorie première ; IV. « Une norme, qui commande un certain comportement – et une telle norme seulement peut être observée ou violée » tiré de Hans Kelsen, la Théorie générale des normes, PUF, 1996, Paris, p 3-4.

santé » à travers la mise en mouvement de la Réforme du système de Santé – avec le Redressement des entreprises relevant du domaine de la Santé- en lieu et place des procédures judiciaires d'apurement du passif.

INTRODUCTION

Le traitement des difficultés d'entreprise relevant du domaine de la santé s'organise autour des prescriptions de l'Organisation Mondiale de la Santé (OMS) contenues dans le Règlement Sanitaire International (RSI 2005). C'est une entorse au droit OHADA des entreprises en difficulté ou des procédures collectives d'apurement du passif de droit commun, en ce sens que le RSI 2005 organise uniquement l'administration du régime mondial de lutte contre la propagation internationale des maladies autour de la seule procédure de « **REDRESSEMENT** »[3]. La révision du Règlement sanitaire international (RSI (2005)) s'attache à parvenir à sauver les entreprises et structures défaillantes de ce secteur. L'objectif de redressement est son épine dorsale.

Toutefois, il y a lieu de rappeler que **le droit des entreprises en difficulté est un droit de la défaillance des professionnels**, quels que soient la nature de leur activité et le degré de leurs difficultés. Ce droit, autrefois, réservé aux commerçants, envahit tous les acteurs de l'activité économique : agricole, artisanal, libéral.

Ses objectifs sont, en outre, renouvelés : les exigences de la sauvegarde de l'entreprise et sa survie deviennent primordiales. Tout ce droit va tendre à éviter la défaillance ou à traiter cette défaillance[4].

L'entreprise[5] ne fait cependant l'objet d'aucune définition dans les textes légaux qui s'y réfèrent pourtant constamment. Elle y est

---

[3] *Cette approche attire notre attention sur la réflexion qu'a mené E. Kant selon laquelle : « On peut concevoir que tout ce qui n'est possible que par les forces de quelque être raisonnable est aussi un but pour quelque autre volonté, et de là vient que les principes d'action, en tant que cette action est présentée comme nécessaire pour atteindre à quelque fin susceptible être réalisée par-là, sont en fait infiniment nombreux. Toutes les sciences ont une partie pratique, consistant en des problèmes qui supposent que quelque fin est possible pour nous, et des impératifs qui énoncent comment cette fin peut être atteinte. Ces impératifs peuvent être appelés en général des impératifs d'habileté (FMM, p.277) ». Cité dans H. Kelsen, Théorie générale des normes, PUF, 1er ed., 1996, Paris, (2e tirage 2012), p 16.*

[4] *Corinne Saint-ALARY-HOUIN, Droit des entreprises en difficulté, Montchrestien, 7e ed., 2011, Paris, p. 5.*

[5] *L'article 1-3 « « L'entreprise » : toute personne physique ou morale soumise aux dispositions du présent Acte uniforme conformément à l'article 1-1 ci-dessus*
Article 1-1 alinéa 1 « Le présent Acte uniforme est applicable à toute personne physique exerçant une activité professionnelle indépendante, civile, commerciale, artisanale ou agricole, à toute personne morale de droit privé ainsi qu'à toute entreprise ayant la forme d'une personne morale de droit privé. ». Ces énumérations ne peuvent servir à définir l'entreprise.

globalement conçue comme une unité économique et sociale qu'il faut préserver (...) et appréhendée comme un ensemble d'hommes et de moyens matériels exerçant une activité économique autonome mais, sans que l'on ait osé la personnifier, ni préciser les droits et obligations qui lui sont reconnus.

Les textes ne définissent pas non plus ce qu'est *l'entreprise en difficulté*. Le droit OHADA retient comme critère : que le débiteur se trouve *« en état de cessation de paiement*[6] ». C'est du moins ce qui ressort de l'article 25 alinéa 1 de l'acte uniforme portant organisation des procédures collectives d'apurement du passif (AUPCAP) qui dispose que : *« la procédure de redressement judiciaire ou de liquidation des biens est ouverte à tout débiteur en état de cessation des paiements »*.

Faut-il par-là croire que c'est ce qui sous-tend les dispositions des paragraphes 1&2 de la partie A de l'ANNEXE 1 RSI (2005) qui disposent que :

1. *Les Etats Parties utilisent les structures et ressources nationales existantes en vue de se doter des principales capacités requises en vertu du Présent Règlement pour s'acquitter notamment :*
    a) *De leurs activités de surveillance, de déclaration, de notification, de vérification, d'action et de collaboration ; et*
    b) *De leurs activités concernant les aéroports, ports et postes-frontières désignés ».*
2. *Chaque Etat Partie* ***évalue****, dans les deux ans qui suivent l'entrée en vigueur du présent Règlement à l'égard de cet Etat Partie, la capacité des structures et ressources nationales existantes à satisfaire aux prescriptions minimales de la présente annexe (...).*

On peut y déceler l'idée sous-jacente d'unités économiques et sociales défaillantes.
Le RSI (2005) va plus loin dans l'apurement du passif des entreprises du secteur de la santé. Le RSI (2005) (alinéa 5 de son préambule) - en se « *félicitant de la résolution 58/3 de l'Assemblée générale des Nations Unies sur l'****intensification du renforcement des capacités dans le***

[6] *Article 25 AUPCAP : « la procédure de redressement judiciaire ou de liquidation des biens est ouverte à tout débiteur en état de cessation de paiements.*
La cessation des paiements est l'état où le débiteur se trouve dans l'impossibilité de faire face à son passif exigible avec son actif disponible, à l'exclusion des situations où les réserves de crédit ou les délais de paiement dont le débiteur bénéficie de la part de ses créanciers lui permettent de faire face à son passif exigible (...) »

***secteur de la santé publique** à travers le monde, qui souligne l'importance du Règlement sanitaire international et demande instamment d'accorder un rang de priorité élevé à sa révision* » - se positionne comme la **réponse** aux difficultés des entreprises du secteur de la santé, le **document de référence** pour combler, voire renforcer, les capacités des organismes qui interviennent dans le domaine de la Santé publique[7].

Le document de référence pour la Reconstruction.

Le Règlement Sanitaire International (RSI (2005)) vient ainsi combler les faiblesses du système déjà existant de traitement des entreprises en difficulté du Droit OHADA. Quand on sait que la plupart des difficultés d'entreprises se soldent par des mises en liquidation systématiques au détriment de tous les acteurs impuissants et englués dans des procédures inadaptées à l'économie nos pays d'Afrique.

De même et fort malheureusement, bien qu'existante dans les textes, la plupart des procédures de réorganisation d'entreprises en difficulté dans notre système ne débouchent que rarement sur une issue favorable. En Afrique, de nombreuses entreprises en difficulté arrêtent en pratique leurs opérations sans passer par une procédure formelle, faute de professionnels qualifiés et d'institutions dédiées.

Le tissu économique de nos pays déjà affaibli a inéluctablement besoin d'un souffle nouveau : en épousant l'esprit du RSI (2005). Ceci du fait que la lecture minutieuse et assidue du RSI (2005) - nous essayerons de le démontrer dans les lignes qui suivent – **met en en lumière l « esprit » qui régit l'ensemble du Règlement. Le législateur fournit aux Etats membres et à toutes les institutions concernées les outils nécessaires et adaptables aux procédures de « Redressement » dans nos différents systèmes.**

L'étude du cheminement que propose le RSI (2005) nous invite à mener une réflexion axée sur trois points :

I. La Norme RSI (2005)

[7] *L'esprit qui prévaut ici est celui du **renforcement** de l'existant dans un secteur qui nécessite beaucoup d'argent. La santé a un gros coût.*

II. Les composantes du Règlement sanitaire international : un instrument en Afrique au service du monde des affaires

III. Les procédures collectives internationales selon le RSI (2005).

Titre I. LA NORME RSI (2005)

> Un concept, qui n'est pas une norme, ne peut conduire à l'action. « ***C'est l'idée que doit voir celui qui veut agir de manière sensée, soit dans sa vie personnelle, soit dans sa vie publique*** ».

Le Règlement sanitaire international ou Règlement prescrit aux Etats Parties un ensemble de règles à mettre à œuvre pour s'assurer une protection – minimale - contre la propagation internationale de maladies.

Pour ainsi faciliter leur compréhension, chacune de ces prescriptions – désignées sous le vocable « article » - pourrait être qualifier de **: Norme RSI (2005)** non seulement pour :

- Appréhender au mieux la notion de « norme » et se familiariser avec l'ordre normatif de l'Organisation Mondiale de la Santé (OMS) ;
- Faciliter tout processus d'« EVALUATION ». L'évaluation pouvant – selon le système de travail choisi – se présenter sous la forme d'**un Audit**[8]**.**

[8] Il peut arriver que ce type de travaux soit attribué à un cabinet d'expertise : on parlera dans ce cas d'audit.

CHAPITRE I. **ANALYSE DE L'ENCADREMENT NORMATIF DU RSI (2005)**

L'objet et la portée du RSI (2005) conformément à l'article 2 RSI (2005) consistent à :

> *Prévenir la propagation internationale des maladies, s'en protéger, la maîtriser et à y réagir par une action de santé publique proportionnée et limitée aux risques qu'elle présente pour la santé publique, en évitant de créer des entraves inutiles au trafic et au commerce internationaux.*

Nous verrons qu'au vu des composantes spécifiques des procédures relevant du RSI (2005) au Titre 2, **l'un des objectifs visés par le RSI est celui de la protection ou préservation du tissu économique**. Notamment « en évitant de créer des entraves inutiles au trafic et au commerce internationaux ».

L'analyse de la structure normative du RSI (2005) permet de constater que le Règlement est un instrument qui vient répondre aux insuffisances de nos systèmes juridiques à répondre au mieux aux difficultés des entreprises.

Pour s'en convaincre, dès le préambule au point 5, le législateur « INVITE **INSTAMMENT** les Etats Membres :

1) *À acquérir, renforcer et maintenir les capacités requises en vertu du Règlement sanitaire international (2005) et à mobiliser les ressources nécessaires à cette fin* ; (…) » ;

En bref, le Règlement encourage les Etats membres à consolider l'existant.

Ainsi, au-delà de la protection du droit à la santé, il y a lieu de constater que l'ensemble des procédures envisagées par le législateur RSI (2005) s'assimilent aux procédures de redressement ordinaires. Pour s'en convaincre, il est impératif de s'intéresser de plus près à l'étude et la compréhension de **Norme RSI (2005)** tel que conçu par le législateur.

Section 1. Comprendre la Norme RSI (2005)

A. *La norme RSI (2005) : une prescription, un commandement, un ordre*

Selon Hans Kelsen, dans son célèbre ouvrage *« Théorie générale des normes »*, le mot « norme » vient du latin *norma*, et a pris dans la langue allemande le caractère d'un mot d'emprunt par lequel on désigne – quoique non exclusivement, mais en premier lieu – un commandement, un ordre, une prescription[9].

Il poursuit en indiquant que « dans la mesure où le mot « norme » désigne une prescription ou un ordre, la « norme » signifie que quelque chose ***doit être***[10] ou avoir lieu. **Son expression linguistique est un impératif ou une proposition normative**. L'acte, dont la signification est que quelque chose est ordonné ou prescrit, est un acte de volonté. Ce qui est ordonné ou prescrit est en premier lieu un comportement humain déterminé. Celui qui ordonne ou prescrit quelque chose, veut que quelque chose *doit avoir lieu.* Le devoir-être, la norme est la signification d'une volonté, d'*un* acte de volonté et – quand la norme est une prescription ou un commandement -, la signification d'un acte, qui est *dirigé* vers le comportement d'*autrui*, d'un acte dont la signification est qu'une autre personne (ou d'autres personnes) doit se comporter d'une manière déterminée[11].,

Le préambule du RSI (2005) en « *soulignant l'importance que continue de revêtir le Règlement sanitaire international comme instrument mondial fondamental pour la protection contre la propagation internationale des maladies »,* statue ou *veut* que le RSI (2005) doit être respecté dans tout processus de protection contre la propagation internationale des maladies. L'Assemblé mondiale de la Santé (AMS) exprime ainsi sa volonté, à savoir que les Etats Parties doivent

---

[9] Hans KELSEN, Théorie Générale des Normes, 1ere ed., Paris, PUF, 1996, P.1.

[10] Moritz Schlick, en essayant de réduire le devoir à l'être, a dit ceci : « Je dois faire quelque » ne signifie jamais rien d'autre : « Quelqu'un d'autre désire que je le fasse » ; et certes le désire d'autrui, qui m'est adressé, est désigné comme devoir-être seulement quand cette personne est en mesure de conférer une certaine pression à ce désir, et donc de récompenser son accomplissement, ou punir son non-accomplissement, ou au moins d'avertir de toutes les conséquences naturelles de l'obéissance ou de la négligence (p.81). ». Cité par Hans Kelsen, Ibid, p. 92.

[11] Hans KELSEN, Théorie Générale des Normes, Ibid, P 2.

scrupuleusement respecter le RSI (2005) ou mieux l'ensemble des prescriptions du RSI (2005).

B. *Un devoir-être*

S'il est admis que le devoir-être est la norme, c'est-à-dire qu'il est la signification de l'acte. Alors la norme RSI (2005) est une norme qui statue le devoir-être en matière de lutte contre les maladies infectieuses[12].

C. *Une norme positive*

Il est communément admis qu'une norme posée par un acte de volonté qui a lieu dans la réalité est une norme *positive*. Du point de vue du positivisme moral ou juridique, n'entrent en considération, comme objets de connaissances que les normes positives, c'est-à-dire posées par des actes de volonté humaine.

Les normes qui sont posées par des actes de volonté humaines, ont – au sens propre du terme – **un caractère arbitraire**. Ce qui signifie, dans ces normes, n'importe quel comportement peut être statué comme étant obligatoire. L'hypothèse selon laquelle il faudrait qu'il y ait des normes qui ne proviennent pas de l'arbitraire, conduit à la notion de normes qui ne sont pas la signification d'actes de volonté humaine. Des normes qui ne sont absolument pas la signification de quelques « actes » *que ce soit ou la signification d'actes de pensée ; ou, si elles sont la signification d'actes de volonté ne sont pas la signification d'actes de volonté humaine, mais d'actes de volonté suprahumaine (en particulier la signification d'actes de volonté divine)[13].

D. Une norme valide

La norme acquiert sa validité d'une manière ou d'une autre, que ce soit par l'acte d'édiction ou par la coutume. Si l'on dit « une norme est valide », on pense qu'une norme existe[14]. La « validité » est l'existence spécifique de la norme, **sa présence**. Puisque quelque chose peut-être qui n'est pas prescrit par une norme et que quelque chose, qui n'existe pas – en réalité-, peut-être prescrit par une norme, alors on ne peut pas inférer de ce que *quelque chose est* que quelque *doit* être, et l'on ne pas inférer de ce que quelque chose *doit* être que quelque chose *est*[15].

---

[12]Hans KELSEN, Théorie Générale des Normes, Ibid, P 13.

[13] Hans KELSEN, Théorie Générale des Normes, Ibid, P 5 – 6.

[14] P 3.

[15] P 79.

E. « Qui veut la fin veut les moyens »

La mise en œuvre des prescriptions découlant du RSI (2005) requièrent des Etats membres la mise en place d'un lourd processus de réforme et extrêmement coûteux. C'est en cela que la proposition kantienne se revêt intéressante pour bien appréhender ces aspects du RSI (2005).

L'impératif kantien de l'habilité est la proposition : « qui veut la fin, doit nécessairement vouloir les moyens. »

> Comment un impératif de l'habilité est possible, c'est ce qui n'a certes pas besoin d'explication particulière. Qui veut la fin veut aussi (en tant que la raison a sur ses actions une influence décisive) les moyens d'y arriver qui sont indispensablement nécessaires, et qui sont en son pouvoir. Cette proposition est, en ce qui concerne le vouloir, analytique ; car l'acte de vouloir un objet, comme mon effet, suppose déjà ma causalité comme causalité agissant, c'est-à-dire l'usage de moyens et l'impératif déduit le concept d'actions nécessaires à cette fin du seul concept de la volonté de cette fin.

Kant formule la règle comme suit : « Qui veut la fin *veut* aussi le moyen indispensable nécessaire à la réalisation de cette fin ». Mais la restriction « en tant que la raison a une influence décisive sur ses actions », signifie qu'il entend ce qui suit : qui veut la fin doit aussi vouloir le moyen nécessaire. Car la raison dont il s'agit ici est la *raison pratique* en tant que législateur normatif. Si cette raison a une influence sur ses actions, c'est-à-dire si quelqu'un ne respecte pas l'exigence selon laquelle celui qui veut la fin veut aussi les moyens, alors nous sommes en présence d'un cas où quelqu'un veut certes la fin, mais sans vouloir le moyen nécessaire qui en est nécessaire. Par ailleurs, Kant reconnaît que la relation entre moyen et fin est une relation causale. Mais il considère la relation entre le vouloir d'une fin et le vouloir d'un moyen comme étant une relation de devoir-être puisqu'il estime que le vouloir du moyen est exigé par la raison quand la fin est voulue. C'est pourquoi il caractérise la règle traditionnelle de la relation entre moyen et fin comme un « impératif » de l'habileté. Il faut que le « devoir-être » de cet impératif soit un « devoir-être » logique car c'est bien la raison qui exige le vouloir du moyen ; et les principes logiques selon Kant sont des exigences de la raison, (sont) des normes qui prescrivent « comment nous devons penser ». Ainsi, Kant voit dans la règle de la relation entre moyen et fin à la fois une nécessité causale et une nécessité normative[16].

---

[16] Hans Kelsen, Ibid, P 19-20.

F. L'objet des normes : le comportement des hommes

L'objet d'une norme (ce que la norme prescrit ou pose comme obligatoire) est le comportement d'un être doué de raison et de volonté ; c'est – d'après notre conception aujourd'hui – le comportement humain. Car la norme doit être observée et appliquée. Elle peut donc être posée de *manière adéquate* à la seule condition qu'elle soit adressée à un être qui peut comprendre son contenu et avoir l'intention de se comporter en la respectant[17].

Ainsi, en se référant à l'article 2 du RSI (2005) qui dispose que :

> *L'objet et la portée du présent Règlement consistent à prévenir la propagation internationale des maladies, à s'en protéger, à la maîtriser et à y réagir par une action de santé publique proportionnée et limitée aux risques qu'elle présente pour la santé publique, en évitant de créer des entraves inutiles au trafic et au commerce internationaux.*

Il faudra comprendre que la norme RSI (2007) prescrit ou pose comme obligatoire un certain comportement des hommes (autorités responsables) face aux maladies infectieuses. Et ce, de manière graduelle, qu'on pourrait qualifier ici de « hiérarchie des actions de santé publique » – en fonction de l'**évaluation** du risque qu'elle présente pour la santé publique :

Step 1 : **prévenir**

Step 2 : **se protéger**

Step 3 : **maîtriser**

Step 4 : **Réagir.**

Ces actions sont - si l'on se base sur le danger que représente les maladies- **cumulatives**.

Le comportement humain – comme objet de la norme selon H Kelsen – est dirigé vers « **un être doué de raison et de volonté** ». **Un être qui peut comprendre son contenu et avoir l'intention de se comporter en la respectant**. Ce second aspect pose le problème de **« la reconnaissance de la norme par l'adressataire** ».

---

[17] H. kelsen, Ibid, p 115.

L'observance ou la violation d'une norme suppose le plus souvent que la personne, dont on discute le comportement (conforme ou contraire à la norme) est consciente de la norme générale se rapportant à ce comportement, Par exemple la norme morale : « Aimez vos ennemis ! » Il y alors deux possibilités : l'individu A, qui a un ennemi B, peut reconnaître la norme morale générale pour lui-même, c'est-à-dire s'adresser à lui-même la norme catégorique individuelle : « A, tu dois aimer ton ennemi B. » Il peut observer cette norme ou la violer. Mais il peut aussi refuser de reconnaître cette norme générale. Ainsi – de son point de vue – aucune norme n'est observée ou violée.

Mais il peut aussi arriver qu'il devient conscient de la norme générale seulement après qu'il a déjà ressenti de l'amour ou de la haine envers son ennemi. Il peut alors, s'il reconnait la norme générale pour lui, approuver ou désapprouver son propre comportement, c'est-à-dire qu'il peut s'adresser à lui-même la norme individuelle correspondant à la norme générale et juger sin comportement comme l'observance ou al violation de cette norme individuelle, c'est-à-dire s'appliquer à lui-même la norme générale. Il peut juger son propre comportement moralement bon ou mauvais. Il peut être content de lui-même ou se repentir, se faire des reproches. S'il ne reconnaît pas la norme générale, et s'il ne s'adresse donc pas à lui-même aucune norme catégorique individuelle correspondant à la norme hypothétique générale, il n'y a – comme dans le premier cas, et de son point de vue – ni observance ni violation d'une norme.

Si l'on dit : la norme générale est valide pour lui, même s'il ne la reconnaît pas *pour lui*-même, cela signifie que la norme générale s'applique également à son comportement – son comportement peut être jugé d'après cette norme générale comme étant bon ou mauvais – même s'il ne la reconnaît pas. Et cela est exact dans la mesure où – là où il s'agit des normes d'une ordre moral – une approbation ou une désapprobation de son comportement fondée sur la reconnaissance de la norme générale, est possible aussi de la part des *autres* membres de la communauté. Car quand un ordre moral pose comme obligatoire un certain comportement, sous certaines conditions, il prescrit aussi que le comportement conforme ou le comportement non conforme d'une personne donnée doit être approuvé ou désapprouvé par autrui. Mais **cette approbation ou désapprobation suppose de reconnaître la norme générale** pour le cas concret et donc aussi de constater que la condition déterminée *in abstracto* dans la norme générale est réalisé dans ce cas concret. Cette reconnaissance implique de poser une norme catégorique *individuelle qui pose comme obligatoire le comportement* (qui doit être approuvé) de la personne en question. Si A désapprouve le comportement de B qui ne tient pas sa promesse, A doit nécessairement reconnaître pour ce cas la norme générale « si quelqu'un fait une promesse, il doit la tenir », c'est-à-dire **qu'il doit nécessairement constater** que B a fait à C la promesse de lui payer 1000F, et qu'il n'a pas tenu sa promesse, **et ensuite il doit poser la norme catégorique individuelle** : « B devait tenir la promesse qu'il a fait à C de lui donner 1000F ». La désapprobation de la part de A se rapporte (immédiatement) à la violation de cette norme catégorique individuelle. En posant comme obligatoire l'approbation d'un comportement obéissant à la norme et la désapprobation d'un comportement violant la norme, **l'ordre moral habilite donc un pouvoir à poser des normes catégoriques individuelles correspondantes à la norme hypothétique générale**. Dès lors, le comportement d'une personne, même si elle ne reconnaît pas elle-même la norme générale (se rapportant à son comportement) et donc ne s'adresse pas à elle-même une norme catégorique individuelle correspondant à la norme hypothétique générale – elle peut être qualifiée d'observance ou de violation de la norme catégorique individuelle qui est liée à l'approbation ou à la désapprobation de la part des autres membres de la communauté instituée par l'ordre moral. Un individu qui approuve ou désapprouve moralement le comportement d'autrui observe la norme qui l'habilite à effectuer cette approbation ou désapprobation, et il applique au comportement en question la norme générale qu'il reconnaît, et qui se rapporte au comportement à approuver ou désapprouver[18]. P 60

[18] H. Kelsen, Ibid, p 60-62.

Section 2. Le RSI (2005) : un ordre de contrainte pour la lutte contre la propagation internationale des maladies

S'il est établi que le droit est essentiellement un **ordre de contrainte**. Il prescrit un certain comportement en attachant au comportement opposé à celui qui est obligatoire un acte de contrainte comme conséquence[19]. On peut tirer à la lecture de **l'article 2 du RSI** la conséquence « **sous-jacente** » attachée au non-respect des prescriptions de l'OMS à savoir : **« la propagation internationale des maladies** » - avec comme effets médiats ou immédiats de **nombreux cas décès**. Les chiffres du Corona Virus (Covid19) - apparu début l'an 2020 - parlent d'eux-mêmes.

Reprenons les dispositions de l'article 2 du RSI (2005) qui dispose que :

> L'objet et la portée du présent Règlement consistent à ***prévenir la propagation internationale des maladies, à s'en protéger, à la maîtriser et à y réagir par une action de santé publique proportionnée et limitée aux risques qu'elle présente pour la santé publique, en évitant de créer des entraves inutiles au trafic et au commerce internationaux***.

Si la question des sanctions n'est pas évoquée dans le RSI, il reste que la sanction attachée au non-respect des prescriptions du RSI (2005) est – sans avoir peur des mots – **la « peine » de MORT**.

A contrario, **le respect des normes RSI (2005) garantit la VIE[20] des citoyens des Etats Parties ou non à l'OMS.**

La réponse aux problèmes de SANCTION dans le RSI (2005) peut être trouvée d'abord dans le droit naturel.

[19] P 28

[20] Selon la doctrine du droit naturel, la source ultime du droit naturel est la volonté de Dieu. Les normes du droit naturel sont la signification de ses actes de volonté. Si l'être de Dieu est considéré comme raison, c'est-à-dire comme pensée, les normes du droit naturel sont la signification de ses actes de pensée ou sont contenues dans sa pensée. Mais alors, elles doivent en même temps la signification de ses actes de volonté ou être contenues dans sa volonté. C'est possible dans la mesure où la pensée en Dieu coïncide avec la volonté. Dieu, sachant ce qui est bien et mal, veut que le bien doive être, que le mal ne doive pas être, comme cela est déjà exprimé dans le mythe de l'arbre de la connaissance *(Genèse, 3).* P7.

Les normes du droit – affirme-t-on – ne doivent pas nécessairement être posées par un acte quelconque pour être valides ; car il y aurait des normes, qui sont immédiatement valides ou qui prétendent être immédiatement valides, parce qu'elles sont données dans la réalité, dans la « nature », et sont donc immanentes à la nature. (...) leur validité n'est conditionnée ni par la volonté des sujets dont elles règlent le comportement, ni par la volonté d'un sujet qui les pose. Leur validité est, en ce sens, autant objective que celle de la loi selon laquelle la chaleur dilate les corps métalliques[21].

Comment comprendre au vu de ce qui précède que le législateur n'ait prévu aucune sanction en cas d'inobservation des règles préconisées par le RSI – quand on connait les effets dévastateurs de l'émergence des Pandémies ? Le Bilan officiel de l'OMS fait état de **6,9 millions** de **morts** de COVID-19 au 3 mai 2023. Mais comme l'ont expliqué des chercheurs de l'OMS dans un article publié dans la revue *Nature* en décembre, ces chiffres sont certainement bien en deçà de la réalité[22].

Pour pouvoir considérer la nature comme source des normes, il faut admettre qu'il existe une volonté immanente à la nature orientée vers un certain comportement des choses et en particulier des êtres vivants. Puisque les normes du droit naturel statuent comme obligatoire un certain comportement humain, il faut que cela soit une volonté dirigée vers un comportement humain[23].

A. Les mesures d'urgences de santé publique de portée internationale comme sanctions positives.

Ensuite, ne peut-on pas considérer **« <u>les mesures d'urgences de santé publique de portée internationales</u> »** (USPPI) comme des **sanctions positives** à l'égard des Etats Parties concernés ?

Ceci du fait que depuis une vingtaine d'années, les institutions de Bretton woods (FMI, Banque Mondiale) sont la cible de graves critiques. On leur reproche d'être un instrument de soumission des pays du tiers monde, de freiner le développement de ces pays (Afrique et

---

[21] P 6.

[22] www.ouest-france.fr le 05/09/2023. Toujours d'après les chiffres de l'OMS, au 5 mai 2023, les Etats-Unis ont connu 1 124 063 décès liés à l'épidémies du Covid-19 depuis janvier 2020Le bilan le plus important dans le monde. Depuis mai 2022

[23] P 7 ;

ailleurs) de les aliéner politiquement et économiquement à ceux de l'Occident.

Cet état des choses remet – de nouveau - en question **« l'aide extérieure » venant de la communauté internationale,** sa destination.

Alors, comment comprendre l'***aide extérieure*** qui découle des situations d'urgence de santé publique de portée internationale (USPPI) ?

Considérons **l'article 13 al.3 ,4, 5, 6 RSI (2005)** qui dispose que :

> *3. A la demande d'un Etat Partie, l'**OMS collabore à l'action** en cas de risque pour la santé publique et d'autres évènements en fournissant des conseils et une **assistance** technique et en évaluant l'efficacité des mesures de lutte mises en place, y compris, le cas échéant, en mobilisant des **équipes internationales d'experts pour prêter assistance** sur place.*
> *4. Si l'OMS, en consultation avec les Etats Parties concernés conformément à l'article 12, établit qu'il existe une urgence de santé publique de portée internationale, elle peut offrir, outre le soutien indiqué au paragraphe 3 du présent article, une assistance supplémentaire à l'Etat Partie, et notamment une évaluation de la gravité du risque international et de l'adéquation des mesures de lutte. Elle peut, au titre de cette collaboration, offrir de mobiliser une assistance internationale afin d'aider les autorités nationales à conduire et coordonner les évaluations sur place. A la demande de l'Etat Partie, l'OMS communique des informations à l'appui de cette offre.*
> *5. **A la demande de l'OMS, les Etats Parties soutiennent**, dans la mesure du possible, l'action coordonnée par l'OMS.*
> *6. A leur demande, l'OMS offre de fournir des conseils et une assistance appropriée aux autres Etats Parties affectés ou menacés par l'Urgence de santé publique de portée internationale.*

Il est clair que nous sommes bien là en face d'une situation **de dépendance totale** de l'Etat concerné.

On constate par ailleurs qu'outre l'OMS, les autres Etats Parties (alinéa 5) sont invités à apporter leur soutien à l'Etat concerné.

Il s'agit du **dessaisissement de l'Etat concerné de tout son paysage de santé nationale** au profit du système international. Un dessaisissement partiel ou total en fonction de la situation.

Ainsi, force est de constater que l'aide extérieure – bien que généreuse – apportée à l'Etat sur le territoire duquel un évènement pouvant constituer une urgence de santé publique de portée internationale (USPPI) place ce dernier « sous-tutelle » de la société internationale.

Dans ce cas d'espèce, il doit se dessaisir de sa sphère de santé publique nationale. Il est ainsi amputé d'**un domaine de souveraineté.**

L'aide extérieure ainsi octroyée par l'OMS et la communauté internationale pourrait être analysée comme une « sanction » à l'égard de l'Etat concerné.

A cet effet, selon Hans Kelsen (p 176) :

> Par *sanction* statuée par un ordre normatif, on comprend habituellement un certain comportement (vis-à-vis d'un homme) qui est en général ressenti comme un *mal* et qui – conformément à une norme de l'ordre normatif – doit être infligé à un homme – ou également un autre homme qui est dans une certaine relation sociale avec lui – dont le comportement n'est pas conforme à l'ordre. Le mal peut – comme dans le cas des sanctions juridiques – consister dans **la soustraction forcée de valeurs, comme la vie, la liberté, ou des biens économiques ou autres** ; il peut aussi – comme dans le cas de sanctions morales – consister dans la désapprobation du comportement contraire à la norme, dans l'expression d'une réprobation, des signes de mépris et actes similaires.

En utilisant la vague expression de « **Urgence sanitaire de portée internationale** », le RSI (2005) fait probablement référence à une sanction. **Cette dernière oblige un Etat souverain a cédé une partie de sa souveraineté** pour n'avoir pas rempli les obligations qui l'incombe conformément aux dispositions des articles 5, 13 RSI (2005) & ANNEXE I.

Au sens du RSI (2005), à l'issue d'une **évaluation** (art 6, 12, 13 RSI (2005) au moyen de l'<u>instrument de décision</u> présenté à l'annexe 2 du Règlement, l'OMS met en mouvement l'ensemble des forces vives du système international.

Il n'est pas superfétatoire d'invoquer, pour mémoire, le rôle que joue le RSI dans la lutte contre les pandémies.

B. Le rôle central du RSI (2005) pour lutter contre les épidémies

Le Règlement sanitaire international (RSI) détient un statut particulier dans la lutte contre les pandémies. Pierre angulaire de la sécurité sanitaire internationale pour lutter contre les maladies infectieuses émergentes ou ré-émergentes, il est le seul instrument obligatoire de droit dérivé adopté par l'Assemblée générale de l'OMS. La première version du RSI, entrée en vigueur dès 1951, était destinée à prévenir la propagation des quatre maladies infectieuses les plus connues, le choléra, la peste, la fièvre jaune ainsi que la variole.

« ***On ne doit jamais gaspiller une bonne crise*** ». **Winston Churchill**

Malgré le succès majeur de l'élimination de la variole en 1979 et trois révisions en 1969, en 1973 et en 1981, l'accélération de la mondialisation a par la suite rendu ce RSI anachronique, sinon obsolète. En effet, depuis la disparition de la variole, seules les trois maladies "historiques" (et en net déclin) faisaient l'objet d'une **déclaration obligatoire**, laissant un vide juridique pour toutes les autres, et notamment les maladies dites "émergentes" comme le SIDA. En second lieu, **aucune sanction** n'était prévue à l'égard des États refusant de se plier, en l'absence de mécanismes de collaboration et de mesures d'incitation, à l'obligation de déclaration de ces maladies.

Une nouvelle révision du RSI a donc été lancée en 1995, dans le but de répondre à ces défis. L'apparition de l'épidémie de syndrome respiratoire aigu sévère (SRAS) en 2003 a très clairement accéléré un processus enlisé pendant huit ans, permettant l'adoption de l'actuel RSI par l'Assemblée mondiale de la santé le 23 mai 2005, avant son entrée en vigueur en 2007. Si la question des sanctions n'y est toujours pas évoquée, les principales mesures ajoutées ont pour clef de voûte le concept d'"urgence de santé publique de portée internationale (USPPI)".

Ce nouveau RSI élargit l'obligation de notification d'événements sanitaires graves ou inhabituels, renforce le rôle du directeur général de l'OMS, qui a la charge de déclarer les USPPI, et du Secrétariat en matière de veille, d'alerte et de coordination. Surtout, il impose aux États de consolider leur système de sécurité sanitaire en fixant des objectifs clairs à atteindre.

CHAPITRE II. **LA NORME RSI (2005) ET LES PROCÉDURES COLLECTIVES DE REDRESSEMENT PAR LE RÈLEMENT SANITAIRE INTERNATIONAL**

Il ressort du paragraphe 1 de la partie A de l'Annexe I du RSI (2005) que :

Les Etats Parties utilisent ***les structures et ressources nationales existantes*** *en vue de se doter des principales capacités requises en vertu du présent Règlement pour s'acquitter notamment :*

a) De leurs activités de surveillance, de déclaration, de notification, de vérification, d'action et de collaboration ; et

b) De leurs activités concernant les aéroports, ports et postes-frontières désignés.

A la lecture de ces dispositions, une question nous vient à l'esprit, celle de savoir : *qu'en est-il des structures nationales en difficulté participant*[24] *à la mise en place des capacités requises en vertu du Règlement ? Et spécifiquement, quel est le sort réservé aux structures de santé en difficulté – ou entreprises relevant du domaine de la santé ?*

En situation de crise sanitaire, toutes les structures et les ressources nationales sont mises à contribution pour faire bloc aux pandémies. Comme structures on peut énumérer ici : les hôpitaux, les établissements publics, les industries pharmaceutiques et même les structures de l'armée – pour ne citer que ceux-là - tous sont indispensables.

Cet aspect nous intéresse à plus d'un titre – surtout pour ce qui est de la zone Afrique – notamment à cause du nombre inquiétant d'entreprises en difficulté, pour la plupart engagées dans des procédures administratives et judiciaires interminables de liquidation ou redressement judiciaire. Parmi ces entreprises, on retrouve des

---

[24] A titre illustratif, au Cameroun par exemple, les activités concernant les aéroports dans la lutte contre les Pandémies amènera certainement à s'intéresser au cas de la CAMAIR aujourd'hui CAMAIR-Co. Cette entreprise nationale qui a longtemps fait la fierté du Cameroun mais qui malheureusement peine à se lever. Pour se prémunir des risques pour la santé publique et d'Urgence de santé publique à portée internationale et harmoniser son fonctionnement avec les exigences sanitaires, au sens du RSI (2005), les mesures prescrites devraient s'étendre à cette structure.

entreprises pharmaceutiques, des structures requises pour participer à l'action en situation d'administration provisoire. Bref, un ensemble non négligeable en réelles difficultés. Et l'émergence d'une crise sanitaire n'arrange pas les choses. Bien au contraire, au vu des coûts exorbitants que nécessitent l'action de santé publique en cas de crise. C'est pour toutes ces raisons et bien d'autres, que le RSI (2005) prescrit un ensemble de règles et mesures minimales à mettre en œuvre pour prétendre gérer une Pandémie.

Section 1. La réponse du RSI (2005) aux structures en difficulté

Le Règlement traite de procédures visant à répondre - de manière élargie – a**u solutionnement des difficultés auxquelles font face les structures** agissant ou intervenant - d'une manière ou d'une autre – dans le vaste processus de lutte contre la propagation internationale des maladies.

Les paragraphes 1, 2 & 3 de la Partie A de l'ANNEXE 1 disposent à cet effet que :

1. *Les Etats Parties utilisent les structures et ressources nationales existantes en vue de se doter des principales capacités requises en vertu du présent Règlement pour s'acquitter notamment :*
   a) de leurs activités de surveillance, de déclaration, de notification, de vérification, d'action et de collaboration ; et
   b) de leurs activités concernant les aéroports, port set postes-frontières désignés.

2. *Chaque Etat Partie évalue, dans les deux ans qui suivent l'entrée en vigueur du présent Règlement à l'égard de cet Etat Partie, la capacité des structures et ressources nationales existantes à satisfaire aux prescriptions minimales de la présente annexe. A la suite de cette évaluation, les Etats Parties élaborent et appliquent des plans d'action pour que ces principales capacités soient présentes et fonctionnent sur tout leur territoire comme il est stipulé au paragraphe 1 de l'article 5 et au paragraphe 1 de l'article 13.*

3. *Les Etats Parties et l'OMS soutiennent sur demande les processus d'évaluation, de planification et de mise en œuvre prévus dans la présente annexe* »

Il est intéressant de constater que :

1. Le RSI (2005) ne fait aucune distinction entre les entreprises dites « saines » et des entreprises en difficultés. Il invite par contre Chaque Etat Partie à utiliser les structures et ressources nationales « existantes ». On suppose donc qu'il s'agit de celles non encore **dissoutes**.
   Donc, pour le Règlement, peu importe qu'une structure soit ou non en difficulté. L'essentiel est que – si son objet le permet – qu'elle participe de la mise en œuvre des capacités requises en vertu du Règlement.
2. De même, le RSI (2005) contient des procédures dont l'unique objectif et de permettre à chaque Etat d'acquérir ou d'être apte à disposer des capacités pour répondre aux prescriptions minimales requises en cas de propagation internationale de maladies infectieuses. Pour celles qui ne le sont pas, leur permettre de se remettre à niveau. L'expression linguistique étant « être redressées ». Toute chose qui s'apparente au droit commun de la procédure collective de **REDRESSEMENT**.

Nulle part, il n'est fait mention de « dissolution » « disparition » ou tout autre mot appartenant au champ lexical du concept « dissolution » d'une structure. Ce qui donne à penser que l'idée de **« Liquidation** » tel que conçu en droit commun n'y a pas sa place. Pourtant, à bien y observer, c'est cette notion qui est répandue dans nos tribunaux. Mais qui pourtant fait l'objet de « rejet » par le RSI (2005) de l'OMS.

Section 2. Le régime de solutionnement de l'insolvabilité ou procédure dite de redressement selon le RSI (2005)

Selon le *Doing Business 2012* de la banque mondiale, un régime efficace de solutionnement de l'insolvabilité joue un rôle important en ce qu'il permet de sauver les entreprises viables en facilitant leur restructuration, notamment en temps de crise. Ce dernier aspect contribue à préserver les richesses au sein de l'économie, notamment en assurant la conservation des emplois et la continuité de la chaîne d'approvisionnement industrielle.

C'est toutefois c'est ce qui ressort des points 5.1[25], 6.6[26] du Préambule du RSI (2005) et des articles 5.1, 13.1 RSI (2005)[27] ; Point A.1 de l'annexe 1 du RSI (2005).

A titre illustratif, selon les dispositions de l'article 5.1. RSI (2005) : *« Chaque Etat acquiert, renforce et* ***maintient****, dès que possible, mais au plus tard dans les cinq ans suivant l'entrée en vigueur du présent Règlement à l'égard de cet Etat Partie, la capacité de détecter, d'évaluer, de notifier et de déclarer des évènements en application du présent Règlement, comme indiqué à l'annexe 1.*[28] ».

L'emploie du « **Présent de l'indicatif** » illustre la volonté du législateur à préserver l'existant. Mais aussi l'utilisation du verbe « **maintenir »** renvoie à la prescription de « **préserver** » tout ce qui pourrait contribuer à la lutte contre les Pandémies.

Le RSI (2005) a pour but de proposer un régime mondial de lutte contre la propagation internationale des maladies – qui à bien y regarder- propose d'assurer un traitement rapide et efficace des structures qui interviennent dans ce fastidieux processus de protection contre les maladies infectieuses.

---

[25] La Cinquante-Huitième Assemblée mondiale de la Santé : *« INVITE INSTAMMENT les Etats Membre :*

1) *A acquérir, renforcer et maintenir les capacités requises en vertu du Règlement sanitaire international (2005) et à mobiliser les ressources nécessaires à cette fin ».*

[26] La Cinquante-Huitième Assemblée mondiale de la Santé : « *PRIE le Directeur général :*

6) *de collaborer avec les Etats Parties dans la mesure du possible à la mobilisation de ressources financières afin d'apporter un soutien aux pays en développement en vue de l'acquisition, du renforcement et du maintien des capacités requises en vertu du Règlement sanitaire international (2005).* »

[27] Article 13 paragraphe 1 : « *Chaque Etat Partie acquiert, renforce et maintient, dès que possible mais au plus tard dans les cinq ans suivant l'entrée en vigueur du présent Règlement à l'égard de cet Etat Partie, la capacité de réagir rapidement et efficacement en cas de risques pour la santé publique et d'urgence de santé publique de portée internationale, conformément à l'annexe I. L'OMS publie, en consultation avec les Etats Membres, des principes directeurs pour aider les Etat Parties à acquérir les capacités d'action de santé publique.* »

[28] Partie A. Paragraphe 1 de l'ANNEXE 1 : « *Les Etats Parties utilisent les structures et ressources nationales existantes en vue de se doter des principales capacités requises en vertu du présent Règlement pour s'acquitter notamment :*

a) *De leurs activités de surveillance, de déclaration, de notification, de vérification, d'action et de collaboration ; et*

b) *De leurs activités concernant les aéroports, port set postes-frontières désignés ;* »

Titre II. LES COMPOSANTES DU RÈGLEMENT SANITAIRE INTERNATIONAL : UN INSTRUMENT EN AFRIQUE CENTRALE AU SERVICE DU MONDE DES AFFAIRES

Née en 1994 des cendres de l'Union Douanière et Economique de l'Afrique Centrale (UDEAC), la Communauté Economique et Monétaire de l'Afrique Centrale (CEMAC) est composée de deux unions régies chacune par une convention particulière (BEAC 1996). Il y a, d'une part, la convention qui crée l'Union Monétaire de l'Afrique Centrale (UMAC). Elle repose, en outre, sur un ensemble de règles de coopération monétaire entre les Etats membres. Elle a pour objectif, à travers la Banque des Etats de l'Afrique Centrale (BEAC), de garantir la stabilité intérieur et extérieure de la monnaie. Il y a d'autre part, la convention créant l'Union Economique de l'Afrique (UEAC) qui vise la réalisation d'une intégration économique réelle à travers la suppression des barrières douanières et des contingentements, le renforcement de la compétitivité des activités économiques et financières, la convergence[29] et la mise en cohérence des politiques

---

[29] *A la faveur de l'intensification de la construction européenne, au début des années 1990, la convergence nominale a été distinguée de la convergence réelle. La convergence, d'une manière générale, implique la diminution dans le temps des écarts d'indicateurs macro-économiques entre plusieurs pays (NGUYEN 1996). La convergence réelle implique le rapprochement des niveaux de vie en termes de revenu, de productivité au sein d'une même zone géographique ou la réduction des différences structurelles (infructueuse ; structures industrielles, marché du travail).*

La convergence nominale renvoie à la réduction des écarts, mais sur les variables nominales telles que les ratios des finances publiques, les taux de change, l'inflation etc. (...) Dans le cas des pays de la CEMAC, de nombreux obstacles au renforcement de la convergence réelle subsistent, notamment dans les domaines des transports, de la coopération industrielle, sur le marché du travail, etc. La surveillance multilatérale ne peut à elle seule les résorber. Dans cette perspectives, les réformes engagées sur la fiscalité, dans les secteurs bancaire et institutionnel, commencent à produire des résultats appréciables et doivent être renforcées.

Sur le plan fiscal et douanier, la réforme engagée au début des années 1990 a favorisé l'allégement de la fiscalité par la suppression de plusieurs taxes intermédiaires, et l'instauration d'une taxation uniforme en ce qui concerne notamment la taxe sur le chiffre d'affaires (TCA) et la taxe sur la valeur ajoutée (TVA). Cette réforme sous régionale est complétée par le Traité Harmonisant le Droit des Affaires (OHADA) qui implique, également, des pays d'Afrique de l'Ouest. D'autres réformes d'envergure sous continentale ont été initiées, matérialisées par la signature du Traité instaurant une Conférence Interministérielle du Marché des Assurances (CIMA), et celui qui institue la Conférence Interministérielle de la Prévoyance Sociale (CIPRES). Ces réformes ont toutes pour but de simplifier et de mettre en cohérence les cadres réglementaires nationaux.

budgétaires nationales avec la politique monétaire commune, ainsi qu'une véritable coopération dans de nombreux domaines tels que l'industrie, le tourisme, les transports, la formation professionnelle, l'énergie, l'agriculture[30].

Toutefois, conformément à l'article 4 de la Convention de l'Union Monétaire de l'Afrique Centrale (UMAC) qui dispose que : « *L'Union Monétaire participe à l'exercice de la* ***surveillance multilatérale*** *dans les conditions prévues par la Convention de l'Union Economique de l'Afrique Centrale (UEAC), par la coordination des politiques économiques et la mise en cohérence des politiques budgétaires nationales avec la politique monétaire commune. Elle s'assure en outre de la stabilité financière dans la Communauté* ». La convergence des politiques budgétaires à travers la mise en place d'une **procédure de surveillance multilatérale** est clairement apparue comme l'une des voies à suivre en vue du renforcement de l'intégration économique des pays de la CEMAC (II). Cet aspect des choses sur lesquelles nous nous appesantirons plus tard, nous intéresse à plus d'un titre.

En l'état actuel, le système financier de la Sous-région Afrique centrale[31], sous le contrôle de la Banque des Etats de l'Afrique Centrale (BEAC), régit et supervise son milieu des affaires par le Traité Harmonisant le Droit des Affaires (OHADA) et dans une moindre mesure le Code des douanes, en marge de toutes les opportunités (I) qu'offre le système des Nations Unies et dans une moindre mesures ses

---

Au plan financier et bancaire, la restructuration est pratiquement achevée. La mise ne place au niveau sous régionale de la Commission Bancaire de l'Afrique Centrale (COBAC) a largement contribué à l'assainissement du système bancaire. Son rôle de gendarme a été accepté progressivement malgré les réticences initiales de certains acteurs. (Désiré Avom, Daniel Gbetnkom, La surveillance multilatérale des politiques budgétaires dans la zone CEMAC : bilan et perspectives dans Développement, 2003, n°123, p107-125 : NUMERO 2003/3 (n°123) www.cairn.info consulté le 18/05/2022 à 13 :36)

La convergence des politiques budgétaires à travers la mise en place d'une procédure de surveillance multilatérale est clairement apparue comme l'une des voies à suivre en vue du renforcement de l'intégration économique des pays de la CEMAC*. Elle vise, à travers la définition des critères, à renforcer la cohérence entre les variables de la politique monétaire et celles de la politique budgétaire (policy mix : désigne, au sens étroit, la combinaison des politiques monétaires et budgétaires. Au sen large, elle caractérise la stratégie de la politique économique poursuivie en prenant en compte la cohérence entre politiques macroéconomiques et réformes structurelles), afin de créer un environnement macro-économique sain, nécessaire pour une croissance économique durable et créatrice d'emplois*

[30] *Cf. Art. 2 de la Convention régissant l'UEAC, BEAC, 1996.*

partenaires financiers stratégiques (Fonds Monétaires International (FMI) & Banque Mondiale) à travers l'Organisation Mondiale de la Santé (OMS), pour renforcer la **surveillance tant** exaltée. Tant il faut dire que les textes sus-évoqués n'ont pas encore été révisés pour faciliter l'exécution des activités liées au Règlement sanitaire international (2005) de façon plus efficience, plus efficace et surtout plus avantageuse.

Encadré I. fonctions et domaines concernés par l'application du RSI[32]

Quelles fonctions gouvernementales et quels domaines peuvent-ils être concernés par l'application du RSI (2005) ?
L'application du règlement peut avoir des répercussions sur les fonctions et responsabilités de nombreux ministères, secteurs ou échelons gouvernementaux. Par exemple, l'application peut supposer des activités gouvernementales ou connexes au niveau ministériel (ou supérieur), ainsi que des fonctions opérationnelles spécifiques (telles que des dispositions légales autorisant l'inspection des navires (voir encadrés I et II ci-après).

Encadré II. Domaines concernés par l'application du RSI (2005)[33]

Parmi les domaines concernés par l'application du RSI (2005) figurent :

- L'environnement
- La santé publique
- Les ports, aéroports et postes-frontières internationaux (quarantaine comprise)
- **Les douanes**
- La sécurité sanitaire des aliments
- L'agriculture (santé animale comprise)
- La sécurité des rayonnements
- La sécurité chimique
- Les transports (y compris marchandises dangereuses)
- La collecte, l'utilisation et la divulgation d'information de santé publique
- Les activités des autorités et autres entités compétentes au niveau intermédiaire (Etat, province, région, par exemple) et locales de santé publique

[32] Tiré de : Règlement sanitaire international (2005), Brève introduction à son application dans le cadre de la législation nationale, janvier 2009, p 4. https://www.who.int/ihr/publications/9789241580496/fr/ consulté le 02/06/.2020 à 14 :18.).
[33] *Op.cit*

Encadré III. **Fonctions gouvernementales impliquées dans la mise en œuvre des aspects nationaux et internationaux du RSI (2005)**[34]

Le RSI (2005) a notamment des effets sur les fonctions gouvernementales en ce qui concerne :

- La collaboration, les communications et les échanges *internationaux*, y compris :
  - Les textes législatifs, réglementations et autres instruments ;
  - **Les activités concernant pratiquement tous les aspects du trafic international** (voyageurs, transports et commerce) ; et
  - Les communications internationales (par la notification d'événements de santé publique à l'OMS et la collaboration pour l'évaluation et **l'action)** ;

et

- Les capacités et activités *nationales*, notamment
  - Les textes législatifs, réglementations et autres instruments nationaux ;
  - **Le développement des capacités nationales de santé publique pour la surveillance et l'action sur tout le territoire de l'Etat et des capacités en des points d'entrée internationaux (ports, aéroports et postes-frontières) déterminés ; et**
  - La coordination de l'évaluation et des communications en matière de santé publique entre les ministères, services et échelons compétents (échelon national, Etat ou région, échelon local) de l'Etat.

---

[34] Tiré de : Règlement sanitaire international (2005), Brève introduction à son application dans le cadre de la législation nationale, janvier 2009, p 4. https://www.who.int/ihr/publications/9789241580496/fr/ consulté le 02/06/.2020 à 14 :18.).

CHAPITRE I. **LES EXIGENCES INTERNATIONALES DU RSI DANS LE MILIEU DES AFFAIRES : ILLUSTRATIONS EN AFRIQUE CENTRALE**

Il ressort des dispositions de l'Article VII de l'Accord entre l'Organisation des Nations Unies et l'Organisation Mondiale de la Santé[35] que :

> ***L'organisation mondiale de la Santé convient collaborer avec le Conseil pour fournir au Conseil de Sécurité telles informations et lui prêter telle assistance que ledit Conseil pourra demander en vue du maintien ou du rétablissement de la paix et de la sécurité internationales[36].***

Ainsi, dans le cadre de sa responsabilité principale du maintien de la paix et de la sécurité internationales[37], le Conseil de Sécurité est habilité à collaborer avec l'OMS pour une mission de maintien ou de rétablissement de la paix.

Contribuer à agir en dehors dudit système serait agir contre ses propres intérêts.

Cette dernière décennie a été marquée par l'irruption de nombreux foyers de tension en Centrafrique, au Cameroun et au Tchad[38]. Des situations qui ont mis en mal des millions de familles endeuillées du fait

---

[35] *Le texte du présent Accord a été approuvé par la Deuxième Assemblée de la Santé dans la résolution WHA2.100 (Actes off. Mond. Santé,* ***21****, 54). Ce texte remplace celui qui avait été approuvé par la Première Assemblée mondiale de la Santé (Actes off. Org. Mond. Santé,* ***13****, 81, 321) et qui, en raison de divergences entre la traduction française et l'original anglais, n'était plus conforme à la version approuvée par les organes exécutifs de l'Organisation des Nations Unies. Ce texte est considéré comme étant entré en vigueur le 10 juillet 1948.*

[36] *Du même accord, il ressort de son Préambule que : «* ***l'article 57 de la Charte des Nations Unies prévoit que les diverses institutions spécialisées créées par accords intergouvernementaux et pourvues, aux termes de leurs statuts dans les domaines économique, social, de la culture intellectuelle et de l'éducation, de la santé publique et autres domaines connexes, seront reliées à l'Organisation des Nations Unies.***
D'autre part, l'article 69 de l'Acte constitutif de l'Organisation mondiale de la Santé stipule que l'Organisation sera rattachée à l'Organisation des Nations Unies comme l'une des institutions spécialisées prévues par l'article 57 de la Charte des Nations Unies (…) *».*

[37] *Charte des nations Unies, art. 2 (1).*

[38] *En Centrafrique le mouvement SELEKA, au Cameroun : Boko Haram, les revendications sécessionnistes du Nord-Ouest et Sud-Ouest Cameroun (NOSO), et au Tchad : la Rébellion qui a conduit à l'assassinat du Président le Maréchal Idriss Deby Itno.*

de la guerre et l'économie de la sous-région Afrique Centrale également : de nombreuses zones de commerce ont été abandonnées par les populations (ex. Amchidé au Cameroun). A cela, est venu s'ajouter la Pandémie à Coronavirus.

Or nous avons un grand besoin de maintien de la paix pour les zones non encore affectées par le vent de conflit, et de rétablissement de la paix dans les zones à fort potentiel déjà touchées.

Les crises sanitaires internationales, en particulier, lorsqu'elles se produisent dans des pays fragiles ou en développement, peuvent devenir une menace pour la stabilité de la communauté internationale.

Le Règlement sanitaire international, dans sa version 2005, est sans doute l'instrument, adopté au sein de l'OMS, qui matérialise le mieux cette affirmation. Selon les mots du Conseil de sécurité, il « ***contribue à la sécurité mondiale dans le domaine de la santé publique*** ». [39]. Toutefois, les questions de Santé sont, aujourd'hui plus que par le passé, intimement liés, à des problèmes économiques comme par exemple, le commerce international des médicaments, avec l'intervention des sociétés transnationales. Pour mieux appréhender ces aspects **(les opportunités – tant en ce qui concernent les acteurs, les politiques et le commerce international- qu'offrent la mise en application du RSI (2005)**, nous axerons cette partie sur deux (2) points :

I. L'interdépendance entre le maintien de la paix et la protection de la santé publique
II. Le RSI dans la surveillance multilatérale : la bonne excuse

[39] *CONSEIL DE SECURITE, préc., note 21.*

Section 1. L'interdépendance entre le maintien de la paix et la protection de la santé publique

A. Acteurs incontournables

Il ne fait aucun doute que la paix est une donnée essentielle dans le domaine des affaires. La mise en œuvre du RSI (2005) est un instrument aux services du maintien paix …. C'est une donnée qui nous semble indispensable dans l'environnement délétère de la sous-région Afrique Centrale.

Au cours des siècles, les situations d'urgence sanitaires se sont profondément transformées. Elles se sont élargies à des groupes humains de plus en plus importants pour atteindre une véritable mondialisation et ce ne peut être sans incidence sur les réponses qu'on les donne ou que l'on cherche à leur donner.

On ne saurait trop insister sur l'importance de la préparation aux pandémies et sur la gravité des conséquences mondiales (humanitaires, financières tec.) si le pire devait advenir. Une pandémie de grippe pourrait devenir une menace à la santé publique mondiale. Comme les experts le prévoient, le virus H5N1 pourrait se répandre rapidement dans le monde dès sa contamination de l'homme à l'homme.

Pour contrer cette menace, les nations devront non seulement prendre des **mesures appropriées à l'intérieur de leurs frontières, mais également coopérer aux niveaux régional et international avec des partenaires de la communauté mondiale**.

Les situations d'urgence sanitaire liées aux pandémies sont de plus en plus potentiellement dangereuses pour la communauté internationale. Cette caractéristique fait des plus graves entre elles une menace à la paix et la sécurité internationales. Cette menace a été constatée, en ce qui concerne le VIH/sida, par le Conseil de sécurité qui, renouvelant sa problématique, est passé d'une conception, strictement militaire du maintien de la paix à une conception pluraliste, intégrant d'autres facteurs, notamment la sécurité humaine[40]. Ce que nous indiquerons dans la section suivante.

---

[40] *Professeur Jean Didier BOUKONGOU, Cours de Droit internationale de la santé, MDH 21, JDB/DIS/2007/UCAC/boukongou@yahoo.fr. (237) 77 51 613, p 25.*

Cette nouvelle approche favorise l'éclosion d'une dynamique tant dans le système onusien qu'au dehors. Par ailleurs, émerge une culture collective de l'urgence à travers les éléments d'une solidarité sanitaire mondiale et ceux d'une « exception sanitaire ». La première donne valeur de bien commun de l'humanité et repose sur une coopération au sein de laquelle les acteurs non-étatiques s'affirment de plus en plus. **La seconde permet, en ce qui concerne l'accès aux médicaments, le passage de l'intérêt de quelques-uns à un intérêt général bien compris- point** que nous aborderons en détail plus loin[41].

- Le rôle prééminent du Conseil de sécurité des Nations Unies

Aux termes des articles 25 et 103 de la Charte des Nations Unies**, le Conseil de Sécurité des Nations Unies** est l'unique organe d'une organisation internationale doté du pouvoir de contraindre unilatéralement les membres de la communauté internationale et de porter ainsi atteinte à leurs engagements normatifs.

L'intervention récente du Conseil de sécurité, au titre du Chapitre VII de la Charte des Nations Unies, en matière de santé publique, constitue une véritable opportunité pour le renforcement de la lutte internationale contre les crises sanitaires. En effet lors de la virulente épidémie de fièvre hémorragique Ebola, qui a sévi en Afrique de l'Ouest, précisément en Guinée, en Sierra Leone et au Libéria, en 2013-2014, faisant à ce jour 11 315 morts, le Conseil de sécurité a, pour la première fois, dans **sa résolution 2177 du 18 septembre 2014**, considéré une épidémie de portée internationale comme une menace contre la paix et la sécurité internationales.

B. Corrélation entre crises sanitaires internationales et maintien de la paix et de la sécurité internationales[42]

Corrélation entre crises sanitaires internationales et maintien de la paix, du moins, maintien de la sécurité internationale, est établie de longue date. Elle a en effet été un des puissants vecteurs de coopération

[41] *Professeur Jean Didier BOUKONGOU, Cours de Droit internationale de la santé, Ibid, p 25.*

[42] *Vinc D. OKILA, Conseil de sécurité et renforcement de la lutte contre les pandémies en vertu du Chapitre VII de la Charte des Nations Unies, en ligne : https://www.usherbrooke.ca/droit/fileadmin/sites/droit/documents/RDUS/volume_46/Okila.pdf consulté le 25/05/2022* ***(consulté le 25/05/2022 à 15h 09).***

intergouvernementale, avec notamment le développement des tous premiers systèmes de mise en quarantaine des navires afin d'éviter la propagation de maladies infectieuses, et l'expansion du commerce international qui, rendant nécessaire un approfondissement des mesures de protection, a donné naissance aux premières conventions sanitaires internationales[43]. Aujourd'hui, on retrouve les traces de cette corrélation non seulement dans la Charte des Nations Unies, mais aussi dans le Règlement sanitaire international. Cependant, c'est seulement à une époque récente que cette corrélation a réellement été assumée par les différents acteurs internationaux.

1. *Une interdépendance consacrée au sein des principaux instruments juridiques internationaux dédiés au maintien de la paix et à la protection de la santé publique*

Au sein de la Charte des Nations Unies, l'interdépendance entre le maintien de la paix et la sécurité internationales et la protection de la santé publique est clairement soulignée par son article 55 qui déclare qu'«***[e]n vue de créer les conditions de stabilité et de bien-être nécessaires pour assurer entre les nations des relations pacifiques et amicales fondées sur le respect du principe de l'égalité des droits des peuples et de leur droit à disposer d'eux-mêmes, les Nations Unies favoriseront : […] (b) La solution des problèmes internationaux dans les domaines économique, social, de la santé publique et autres problèmes connexes, et la coopération internationale dans les domaines de la culture intellectuelle et de l'éducation».***[44]. (…) le Conseil est donc habilité à intervenir à l'égard des questions diverses telles que celles liées à la pauvreté, la famine, la criminalité, les atteintes aux droits de l'homme, les risques environnementaux, la traite des humains ou les maladies[45], pour peu que celles-ci constituent des menaces de paix.

---

[43] *Michèle POULAIN, « la gestion par l'OMS des situations d'urgence sanitaire à portée internationale. L'exemple du syndrome respiratoire aigu sévère (SRAS) « , Actualité et Droit international, novembre 2003, en ligne : http://www.ridi.org/adi/articles/2003/200211pou.htm (consulté le 19Juillet 2016).*

[44] *Charte des Nations Unies, art. 55*

[45] *Charles-Philippe DAVID et Jean-François RIOUX, « Le concept de sécurité humaine », dan Jean-François RIOUX (dir.), La sécurité humaine. Une nouvelle conception des relations internationales, Paris, l'Harmattan, 2002, P19. Cité par Vinc D. OKILA, Conseil de sécurité et renforcement de la lutte contre les pandémies en vertu du Chapitre VII de la Charte des Nations Unies, p298.*

A l'image de la Charte des Nations Unies, la Constitution de l'OMS fait également une forte référence à l'interdépendance entre maintien de la paix et la protection de la santé mondiale lorsqu'elle déclare, notamment dans son préambule, que *« [l]a santé de tous les peuples est fondamentale pour la réalisation de la paix et de la sécurité ; elle dépend de la pleine coopération des individus et des Etats »*. Pour certains observateurs à l'instar de **Yves BEIGBEDER, la référence à la paix dans le mandat de l'OMS avait, en fait, pour but de créer des communautés professionnelles transnationales[46] qui briseraient et éroderaient progressivement les principales sources de discorde entre Etats, et de résoudre les problèmes de santé au plan international afin d'extirper les racines de la guerre et ainsi préserver la paix**[47]. Ce lien repose également sur l'impact de la guerre sur la santé. En effet, la guerre est parfois à l'origine de la destruction des institutions et des services de santé[48], de la contamination de l'environnement, de la hausse ou de résurgence des maladies épidémiques, de l'augmentation de la pauvreté, de la famine et des flux de réfugiés. Il est donc logique que l'OMS soit compétente lorsque de tels problèmes de santé publique sont liés aux problématiques sécuritaires internationales. (…) Depuis la révision du Règlement sanitaire international en 2005, son champ d'application ne se limite plus à une liste exhaustive de maladies, mais davantage centré sur des notions d'« évènement » et d' « urgence de santé publique de portée internationale » (ci-dessous USPPI), qui s'appliquent à toute cause de propagation de maladies internationales, indépendamment de leur origine ou de leur source. Par conséquent, étant donné qu'une crise sanitaire internationale peut tirer son origine de la libération accidentelle ou intentionnel d'agents biologiques, radiologiques ou chimiques, ou l'usage d'armes chimiques, nucléaires ou d'actes de bioterrorisme, celle-ci relèvera **de la compétence du RSI, voire du Conseil de sécurité si elle constitue en même temps une menace pour la paix, liant ainsi encore plus étroitement protection de la santé publique et maintien de la paix et de la sécurité internationales.**

---

[46] *On peut ici citer l'industrie du médicament dans la Sous-région : toute chose qui intéresserait l'ensemble des ordres nationaux des pharmaciens des différents pays de la zone CEMAC.*

[47] *Yves BEIGBEDER, « The world Health Organization and Peacekeeping », (1998) 5-4 International Peacekeeping 31, 31-32.*

[48] *Incendie le 08 juin 2022 de l'hôpital de Mamfe au Sud-Ouest du Cameroun – conflit qui oppose le Gouvernement camerounais aux séparatistes ambazoniens.*

2. *Une interdépendance progressivement assumée, en pratique par les principaux acteurs internationaux*

L'interdépendance entre le maintien de la paix et la protection de la santé publique s'est réellement manifestée dans la pratique des organisations internationales au début des années 90, notamment à l'OMS, mais surtout à l'ONU[49].

Dans sa pratique, l'OMS n'a pas hésité en effet à rendre ce lien palpable. Déjà en 1962, l'Assemblée mondiale de la santé avait adopté une résolution dans laquelle elle réaffirmait que l'amélioration de la santé dans le monde contribuerait de manière importante à la paix, tout en ajoutant que la paix à son tour était une condition essentielle pour la préservation et l'amélioration de la santé des personnes dans le monde. Depuis lors de nombreuses missions d'urgence de l'OMS sont liées au maintien de la paix.

L'évolution la plus significative est sans doute celle qui a eu lieu aux Nations Unies. En effet, la baisse des conflits interétatiques, consécutivement à la fin de la guerre froide, et la multiplication des conflits internes qui ont suivi ont conduit la communauté internationale à s'intéresser à d'autres formes de menaces contre la paix. Cette évolution a débuté, pour l'ensemble des nouvelles menaces dites « menaces d'ordre économique et social »[50], avec la déclaration présidentielle du Conseil de sécurité du 31 janvier 1992, suivie par l'Agenda pour la paix » du Secrétaire général.

Pour la menace d'ordre sanitaire spécifiquement, il faut remonter au début des années 2000, avec le débat au Conseil de sécurité sur « l'impact du Sida sur la paix et la sécurité internationales »[51]. Si, à cette

[49] *Commentaires : L'accent mis sur l'ONU vient du fait que des deux institutions internationales, elle est celle qui a le mandat qui englobe le mieux les deux dimensions : protection de la santé publique et maintien de la paix. L'OMS, en dépit des affirmations de son préambule, n'a pas de mandat direct en matière de guerre et de paix. Vinc D. OKILA, Conseil de sécurité et renforcement de la lutte contre les pandémies en vertu du Chapitre VII de la Charte des Nations Unies, p300.*

[50] *ONU, LA RESPONSABILITE DU CONSEIL DE SECURITE EN CE QUI CONCERNE LE MAINTIEN DE LA PAIX ET DE LA SECURITE INTERNATIONALES, Doc, N.U. S/23500/3 (31 janvier 1992) : « La paix et la sécurité internationales ne découlent pas seulement de l'absence de guerres et de conflits armés. D'autres menaces de nature non-militaire à la paix et à la sécurité internationales trouvent leur source dans l'instabilité qui existe dans les domaines économique, social, humanitaire ou écologiques » (nos italiques).*

[51] *CONSEIL DE SECURITE, Responsabilité du maintien de la paix et de la sécurité internationales incombant au Conseil de sécurité : le VIH/sida et les opérations internationales*

occasion, le Conseil n'a pas considéré le VIH/SIDA comme une menace contre la paix[52], il a tout de même relié les mandats et la formation des opérations de paix à la prévention de la propagation du VIH/SIDA. De plus, en 2011, le Conseil de sécurité a consacré une autre de ses résolutions, toujours en dehors du chapitre VII, à la question du VIH/SIDA. Cependant, si la référence au VIH/SIDA dans ses résolutions traduit une sensibilité du Conseil de sécurité aux questions sanitaires, cela ne saurait être considéré comme un précédent pertinent pour élever les crises sanitaires au rang de menace contre la paix. En effet, mis à part le fait que ces résolutions n'ont pas pour fondement le chapitre VII, le Conseil de sécurité y envisage surtout les risques de diffusion du SIDA du fait des situations conflictuelles et non une menace à la paix du fait d'une pandémie.

Le pas ne sera franchi qu'avec l'épidémie d'Ebola qui a sévi en Afrique de l'Ouest dès 2013. En effet, les membres du Conseil de sécurité, d'abord « extrêmement préoccupés par l'épidémie due au virus Ebola[53] », se sont, par la suite, dits « gravement préoccupés par l'ampleur de l'épidémie due au virus Ebola en Afrique de l'Ouest, en particulier au Libéria, en Guinée et en Sierra Léone », sans que ce constat ne conduise à une invocation du chapitre VII. Il a fallu attendre le 18 septembre 2014, avec la résolution 2177 (2014), pour que le Conseil de sécurité juge, à l'unanimité de ses membres, qu'une urgence sanitaire internationale, en l'occurrence l'épidémie d'Ebola constitue

---

de maintien de la paix. Doc, N.U. S/RES.1308 (17 juillet 2000). Dans la même veine, il est important de souligner que le Secrétaire général des Nations Unies, dans son rapport de 2005 « Dans une liberté plus grande », s'est dit prêt, en consultation avec le Directeur général de l'OMS, à utiliser ses pouvoirs en vertu de l'article 99 de la Charte des Nations Unies pour attirer l'attention du Conseil de sécurité sur toute épidémie écrasante de maladie infectieuse qui menace la paix et la sécurité internationales » (Doc. N.U. A/59/2005 du 21 mars 2005). De même, de manière plus générale, dans le rapport de 2005 du « Groupe d'experts de haut niveau sur les menaces, les défis et le changement », est envisagée la possibilité pour le Conseil de sécurité de prendre des mesures contraignantes, qui ne relèvent pas nécessairement du Chapitre VII, pour assurer des mesures de quarantaines efficaces (Doc. N.U A/59/625 du 2 décembre 2004).

[52] *En effet, aussi bien dans le préambule que dans le dispositif de la résolution, aucune référence n'est faite au chapitre VII ou à l'une quelconque des situations prévues à l'article 39, référence qui seule permet de considérer que le Conseil a décidé d'agir sous le couvert du chapitre VII et de recourir, si besoin s'en fait sentir, aux pouvoirs qui lui sont dévolus dans ce cadre. Au contraire, dans l'ensemble du texte, le Conseil de sécurité évoque une menace « potentielle » à la paix ; par conséquent, il inscrit son action dans le champ des compétences couvertes par le chapitre VI de la Charte des Nations Unies.*

[53] *CONSEIL DE SECURITE, Déclaration à la presse faite par le Conseil de sécurité concernant le Bureau des Nations Unies pour l'Afrique de l'Ouest, Doc. N.U. SC/11466-AFR/2930 (9juillet 2014).*

une menace contre la paix et la sécurité internationales. Cette détermination sera réitérée par le Président du Conseil dans une déclaration faite le 21 novembre, au nom du Conseil[54].

En définitive, les situations d'urgence sanitaire liées aux pandémies sont de plus en plus potentiellement dangereuses pour la communauté internationale. Cette caractéristique fait des plus graves entre elles une menace à la paix et à la sécurité internationales. Cette menace a été constatée en ce qui concerne le VIH/sida et par le virus Ebola, par le Conseil de sécurité qui, renouvelant sa problématique, est passé d'une conception strictement militaire du maintien de la paix à une conception pluraliste, intégrant d'autres facteurs, notamment la sécurité humaine.

Cette nouvelle approche favorise l'éclosion d'une dynamique tant dans le système onusien qu'au dehors. Par ailleurs, émerge une culture collective de l'urgence à travers les éléments d'une solidarité sanitaire mondiale et ceux d'une « exception sanitaire ». La première donne à la santé valeur de bien commun de l'humanité et repose sur une coopération au sein de laquelle les acteurs non étatiques s'affirment de plus en plus. La seconde permet, en ce qui concerne l'accès aux médicaments, le passage de l'intérêt de quelques un à un intérêt général bien compris.

Il y a donc lieu de constater que la mise en œuvre du RSI (2005) s'applique à toute cause de propagation de maladies internationales, indépendamment de leur origine ou de leur source. Mais aussi, appelle le soutien du Conseil de sécurité des Nations Unies quand le maintien de la paix est menacé.

Section 2. Le RSI dans la surveillance multilatérale : la bonne excuse

(Information complémentaire au Titre 2 – II sur l'aspect financier du RSI)

On ne saurait trop insister sur l'importance de la préparation aux pandémies et sur la gravité des conséquences mondiales si le pire devait advenir. Une pandémie de grippe pourrait devenir menace pour la santé publique mondiale.

---

[54] *CONSEIL DE SECURITE, Déclaration du Président du Conseil de sécurité, Paix et sécurité en Afrique, Doc. N.U. S/PRST/2014/24 (21novembre 2014).*

Pour contrer cette menace, les nations devront non seulement prendre des mesures appropriées à l'intérieur de leurs frontières, mais également coopérer aux niveaux régional, et international avec les partenaires de la communauté internationale.

La surveillance multilatérale a été mise en place en 1994. Elle consiste, selon les textes fondateurs, pour les Etats de la CEMAC, à établir les procédures permettant de respecter les règles communes de coordination des politiques économiques nationales, notamment en matières budgétaires.

La convergence des politiques budgétaires à travers la mise en place d'une procédure de surveillance multilatérale est clairement apparue comme l'une des voies à suivre en vue du renforcement de l'intégration économique des pays de la CEMAC. Elle vise, à travers la définition des critères, à renforcer la cohérence entre les variables de la politique monétaire et celles de la politique budgétaire *(policy mix : désigne, au sens étroit, la combinaison des politiques monétaires et budgétaires. Au sens large, elle caractérise la stratégie de la politique économique poursuivie en prenant en compte la cohérence entre politiques macroéconomiques et réformes structurelles),* afin de créer un environnement macro-économique sain, nécessaire pour une croissance économique durable et créatrice d'emplois[55].

Le Conseil des Ministres de la CEMAC, à travers le préambule de la Directive N°01/16-UEAC-093-CM-30 modifiant et complétant la Directive N°1/00-UEAC-064-CM-04 relative à la mise en place de la surveillance multilatérale des politiques macroéconomiques au sein des Etats membres de la CEMAC, a souligné que le « *mécanisme de surveillance multilatérale permet d'atteindre cet objectif et s'avère particulièrement déterminant à la poursuite du processus d'intégration économiques des Etats membres de la CEMAC* ».
Il ressort des dispositions de l'article 1er de la Directive N°01/16-UEAC-093-CM-30 modifiant et complétant la Directives N°1/00-UEAC-064-CM-04 que : ***« Aux fins énoncées à l'article 2 alinéa b de la convention de l'UEAC, la surveillance multilatérale vises les objectifs suivants :***

[55] *Désiré Avom, Daniel Gbetnkom, La surveillance multilatérale des politiques budgétaires dans la zone CEMAC : bilan et perspectives dans Développement, 2003, n°123, p107-125 : NUMERO 2003/3 (n°123) www.cairn.info consulté le 18/05/2022 à 13 :36)*

3. ***Assurer la convergence et la cohérence des politiques économiques des Etats membres,***
4. ***Vérifier la conformité de ces politiques économiques avec la politique monétaire commune*** »

Il y a lieu de rappeler que le contexte qui a précédé l'adoption de la surveillance multilatérale était celui de la crise économique qui a frappé, sans exception les économies de la CEMAC. Le début de la crise n'a pas été uniforme dans tous les pays. Ainsi, le Cameroun est entré officiellement en crise en 1987, même si dès 1986 un déficit budgétaire de 7% a été enregistré, en période de forte croissance économique. Le Gabon a signé son premier accord *stand by* avec le FMI en 1977 et 1978, pour résoudre une crise de liquidité. Le pays enregistrera certes une croissance positive, mais faible.

Si ces deux pays ont constitué à des périodes données des exceptions, d'une manière générale, la situation s'est caractérisée par un ralentissement de l'activité économique pour les autres membres de la CEMAC (Bekolo Ebé 2001-a). Cette crise s'expliquait par l'adoption de politiques macro-économiques et sectorielles laxistes, qui étaient fondées sur un modèle de développement où l'Etat occupait une place prépondérante dans la production et **la règlementation**. La production était, pour l'essentiel, basée sur les matières premières qui représentaient, au milieu des années 1980, près de 80% des recettes d'exportations nationales, soit un pourcentage voisin de celui des années 1960. La détérioration des termes de l'échange intervenue à partir des années 1980 a provoqué la chute des recettes d'exportation, qui ne s'est pas accompagnée d'un ajustement à la baisse des dépenses publiques massivement engagées pendant la période de grande euphorie financière. Il en est résulté l'apparition d'importants déséquilibres des finances publiques, qui augmentaient d'année en année, et une dégradation consécutive des taux de croissance. L'amélioration budgétaire enregistrée à partir de 1994 pour certains et de 1995 pour tous les membres de l'UMAC est en partie liée à la dévaluation du franc CFA, et à ses effets expansifs sur les recettes fiscales associées au commerce extérieur[56].

[56] *Désiré Avom... 110 -111*

A. Règles de fonctionnement de la surveillance multilatérale

La procédure de surveillance multilatérale s'appuie sur la définition d'indicateurs macro-économiques qui jouent un rôle de signaux permettant de prévenir tout dérapage et de préserver la discipline communautaire. Dans cette perspective, il est stipulé que les Etats membres harmoniseront, **au cours de la première étape de construction de l'union économique, leurs législations dans divers domaines (investissements, marché du travail etc.),** ainsi que leur calendrier budgétaire, leur comptabilité nationale et les données macroéconomiques nécessaires à l'exercice de la surveillance multilatérale. Pour atteindre le niveau de coordination souhaité, d'après le Traité, coopérer à travers un système de surveillance multilatérale bâti sur des arrangements institutionnels. Les mécanismes de la surveillance multilatérale sont concentrés autour de trois objectifs principaux :

- La stabilité de la monnaie commune ;
- La bonne exécution des programmes d'ajustement structurel, appuyés par la communauté économique et financière internationale, particulièrement par le Fonds monétaire international (FMI) et la Banque mondiale (BM) ;
- La nécessité de promouvoir une croissance économique saine et durable, en vue d'améliorer le bien-être des populations d'Afrique centrale.

Elle repose, en outre, sur trois principes : la subsidiarité, la collégialité et la pression mutuelle pour inciter au respect des directives communautaires *« pour assurer la coordination des politiques économiques des Etats membres, la procédure de surveillance multilatérale s'appuie sur des critères définissant des normes pour qualifier un déficit budgétaires d'excessif et sur un ensemble de variables macro-économiques permettant de suivre et d'interpréter les évolutions économiques des Etats »* (BEAC 2002 p.8). Les critères et indicateurs de convergence ont été révisés en août 2001, et les premiers se présentent depuis janvier 2002 comme suit :

- Un solde budgétaire de base (hors dons) rapporté au PIB nominal positif ou nul, à l'horizon 2004. Il est calculé sur la base engagements et représente la différence entre recettes totales hors dons et les dépenses totales hors investissements financés sur ressources extérieures. Il représente l'avantage de mieux révéler la position budgétaire de l'Etat.

- Un taux d'endettement public extérieur inférieur ou égal à 70% du PIB en 2004, dont l'objectif est de contrôler à terme le problème d'endettement excessif des Etats.
- La non-accumulation d'arriérés intérieurs et extérieurs sur la gestion de la période courante. Ce critère s'accompagne d'un plan d'apurement sur une période de trois ans, à fin 2014, du stock d'arriérés existant fin 2000.

D'après les textes fondateurs, le non-respect de ces critères entraine des sanctions dont le degré de sévérité est fonction de la gravité de la situation. Toutefois, selon l'article 58 du Traité de la CEMAC, lorsqu'un Etat membre connaît de « graves difficultés » liées à des « évènements dits exceptionnels », il peut être exempté, pour une durée maximale de six mois, du respect de tout ou partie des prescriptions énoncées dans le cadre de la procédure de surveillance multilatérale. Dans le cas contraire, l'Etat est exposé à deux types de sanctions : les sanctions positives d'une part, et les sanctions négatives d'autre part.

Les sanctions positives s'appliquent à un pays membre lorsque la mise en œuvre effective d'un **programme** reconnue conforme aux directives données par le Conseil des Ministres. Dans ce cas, les sanctions se traduisent par la publication d'un communiqué du Secrétaire Exécutif de l'UEAC et le soutien de l'Union à la mobilisation des ressources additionnelles nécessaires au financement des mesures rectificatives préconisées.

Les sanctions négatives sont définies dans le Traité comme celles appliquées à l'Etat qui n'a pas pu élaborer un programme d'ajustement approprié dans le délai prescrit ou lorsque le programme d'ajustement structurel n'est pas reconnu conforme à la directive du Conseil de Ministres et à la politique de l'Union. Le Secrétaire Exécutif de l'UEAC transmet dans les meilleurs délais au Conseil des Ministres un rapport dans lequel il préconise les sanctions suivantes : la publication par le Conseil des Ministres d'un communiqué, éventuellement assorti d'informations supplémentaires sur la situation de l'Etat membre concerné et le retrait annoncé publiquement du soutien dont bénéficiait éventuellement l'Etat membre[57].

---

[57] *Avom p. 116 – 117*

B. Rapprochement des critères de convergences CEMAC de ceux définis dans le RSI (2005)

La surveillance multilatérale qui est mise progressivement en place dans la zone CEMAC depuis 1994 est caractérisée par l'imprécision des critères[58]. Ainsi, pour progresser et renforcer la politique économique dans cette zone d'intégration, il est souhaitable, sans que cette orientation soit considérée comme une panacée, de s'inscrire dans la perspective du RSI (2005), en se rapprochant du respect des critères de convergence de ce groupement (législateur).

En effet, selon l'alinéa 3 de l'article 57 du RSI (2005) stipule que :

> ***Sans préjudice de leurs obligations découlant du présent Règlement, les Etats Parties qui sont membres d'une organisation d'intégration économique régionale appliquent les règles communes en vigueur au sein de cette organisation dans le cadre de leurs relations mutuelles.***

On voit bien là l'influence de la Communauté sur les pratiques et les politiques de santé publique (En Europe avec l'Union européenne et le traité de Lisbonne (sur le fonctionnement de l'UE ou TFUE (article 168)), le traité de Maastricht (1992), le Traité d'Amsterdam (Article 152).

Il est donc prévu, à cet effet, à l'alinéa 1 de l'article 44 du RSI (2005) que :

> *Les Etats Parties s'engagent à collaborer entre eux, dans la mesure du possible, pour :*
>
> *a) Détecter et évaluer les événements, et y faire face conformément au présent Règlement ;*
>
> *b) Assurer ou faciliter la coopération technique et l'apport d'un soutien logistique, en particulier l'acquisition, le renforcement et le maintien des capacités de santé publique conformément au présent Règlement ;*
>
> *c) Mobiliser les ressources financières pour faciliter l'application de leurs obligations au titre du présent Règlement ; et*
>
> d) *Formuler des projets de loi et d'autres dispositions juridiques et administratives aux fins de l'application du présent Règlement.*

---

[58] *Avom p. 118*

Le règlement sanitaire international actuel est une initiative multilatérale pour instaurer un instrument efficace de surveillance mondiale de la transmission transfrontière des maladies spécifiques d'ampleur mondiale. Le RSI s'efforce de concilier la protection de la santé publique et la nécessité d'éviter l'interruption inutile d'échanges commerciaux et des voyages. Il demeure à ce jour, le seul ensemble de dispositions impératives, pour les États membres de l'OMS, relatives à l'alerte et à la riposte mondiale aux maladies infectieuses[59].

[59] *https://eur-lex.europa.eu/legal-content/FR/TXT/HTML, (consulté le 12/07/22 à 17:14).*

CHAPITRE II. **L'exception sanitaire ou la protection du domaine de la santé qui fait du chiffre**

La mondialisation se trouve dans tous les discours, chargée de connotations très différentes et recouvrant des réalités qui ne le sont pas moins mais très souvent réduite au seul domaine des échanges commerciaux. Or le monde est en premier lieu un nouvel espace, à la portée des simples citoyens comme les Etats les plus puissants, par les facilités séduisantes que procurent l'accélération de la circulation des personnes et des biens et celle de la diffusion des connaissances et des informations. La prise de possession de ce nouvel espace entraîne peu à peu la formation d'un véritable « système mondial » qui repose sur une prise de conscience que certains phénomènes peuvent concerner l'humanité entière. Les questions de santé publique prennent dans ce cadre et par le prisme des urgences sanitaires, un relief particulier qui fait se développer une solidarité sanitaire mondiale en même temps qu'émerge une « exception sanitaire »[60].

Section 1. Emergence d'une exception sanitaire

Jusqu'en 1994, chaque Etat pouvait librement produire des médicaments génériques avant même qu'un brevet relatif à un médicament ne tombe dans le domaine public. Le Brésil et l'Inde ont ainsi créé une industrie pharmaceutique locale, dont les produits sont beaucoup moins chers que les produits d'origine. **Depuis 1994, les pays membres de l'OMC sont censés mettre leur législation en harmonie avec les accords ADPIC** (Aspects des droits de la propriété intellectuelle relatifs au commerce). **Ces accords imposent le versement des royalties au propriétaire du médicament d'origine pendant une durée de vingt ans**. Cependant, **en cas d'urgence nationale ou d'autres circonstances d'extrême urgence (article 31), un Etat a le droit de recourir aux licences obligatoires, qui lui donnent le droit de fabriquer un générique sans l'accord du détenteur du brevet ou de recourir aux importations parallèles, qui lui permettent d'acheter le produit original là où il est vendu le**

[60] *Michel Poulain, Urgence sanitaire et droit internationale in Actualité et Droit International, mars 2022, P 7. www.ridi.org/ad*

moins cher[61]. Les lectures successives qui ont été faites de cet article ont conduit à des résultats tout à fait opposés.

A. Accès aux médicaments et intérêts particuliers

Dans un premier temps, les firmes pharmaceutiques, avec l'appui des Etats développés, ont cherché à ce que le système fonctionne sur une base d'interprétation stricte des textes. Des poursuites ont été engagées puis, devant les protestations de plus en plus nombreuses causées par l'expansion importantes de certaines pathologies (tuberculose, sida, malaria) et les campagnes virulentes menées par les ONG, Médecins sans Frontières par exemple, du type, « médicaments au nord, malade au sud », ces firmes ont été amenées à justifier leur position et se sont servis de trois ordres de considérations :

- Les royalties servent à la recherche et donc à la découverte de nouveaux médicaments. Leur disparition signifierait stagnation des progrès thérapeutiques ; mais le pourcentage du chiffre d'affaires consacré par l'industrie pharmaceutique à la publicité est si important qu'il peut même être supérieur à celui consacré à la recherche et il arrive que la recherche ne soit pas le fait des firmes elles-mêmes, mais des organismes publics qui leur transmettent ensuite une licence d'exploitation exclusive.
- Les systèmes de santé des pays en voie de développement sont défaillants et donc incapables d'assurer une distribution à des personnes ciblées par une surveillance de longue durée, ce qui favoriserait l'abandon de leur traitement par les malades et l'apparition corrélative de nouvelles souches résistantes ; mais différentes enquêtes, dont une réalisée par Médecins sans Frontières, dont les conclusions sont confirmées par le dernier rapport annuel Onusida, montrent que les pays en développement – Botswana, Ouganda et quelques autres – qui se sont attaqués de front avec une volonté politique importante à lutter contre le sida sont parvenus à baisser de manière significative les statistiques de la maladie.

---

[61] *A l'OMC : Etats-Unis et Union européenne contre Inde, respectivement en 1996 (WT/DS50/AB/R) et en 1997 (WT/DS79/R) plaintes qui ont abouti à la condamnation de l'Inde ; Etats-Unis contre Brésil en février 2001 ; enfin 39 laboratoires ont déposé une plainte contre le gouvernement sud-africain devant la Haute cour de Pretoria. – Michel poulain- Note de bas de pages. P 9.*

- Les médicaments ne sont pas différents des autres biens pour lesquels le système de brevets assure la juste rémunération de l'inventeur et pour lesquels celui-ci cherche à se protéger en prenant un brevet ; mais loin d'être assimilables à n'importe quelle marchandise, les médicaments ne sont pas les produits banalisés. Dans le domaine de la santé plus qu'ailleurs, il serait opportun de faire la différence « entre les connaissances – que l'on découvre et qui sont le bien de tous – et les produits ou procédés – que l'on invente et qui font l'objet de brevets ». Or, en prenant de brevets de plus en plus en amont dans l'élaboration du produit, ce que font les firmes pharmaceutiques, on réduit le champ de connaissances communes, renforçant encore ce qu'on a pu appeler « l'accaparement unilatéral d'un bien commun ».

Sous l'énorme pression développée par la société civile et relayée au sein mêmes des organisations internationales notamment par l'action personnelle du Secrétaire général des Nations Unies qui a lui-même lancée la compagne d'accès aux génériques[62], **les firmes pharmaceutiques et les gouvernements qui les soutiennent ont pris conscience de la difficulté de leurs positions et ont dû se ranger au principe d'exception sanitaire**.

B. Accès aux médicaments et intérêt général bien compris

Dans un premier temps les actions judiciaires sont abandonnées : les 39 compagnies pharmaceutiques qui avaient déposé une plainte contre l'Afrique du Sud devant la Haute-Cour de Pretoria l'ont retirée le 18 avril 2001 ; les Etats-Unis ont fait de même le 25 juin 2001 en ce qui concerne la plainte qu'ils avaient déposée contre le brésil en février précédent. Dans un deuxième temps, les laboratoires commencent à pratiquer une politique du prix différenciée selon l'acheteur du médicament et se livrent rapidement à la surenchère très médiatique : Cipla, puis Merck, Abbott et Bristol-Myers Quibb proposent aux pays d'Afrique un traitement anti-sida à un prix sensiblement inférieur à celui pratiqué ordinairement ; puis Pfizer donne gratuitement aux cinquante pays les plus pauvres un produit, le Diflucan, destiné à traiter des infections opportunistes provoquées par le virus. Dans un troisième temps enfin, **lors de la conférence de l'OMC à Doha, des 9-14 novembre 2001, le principe d'une exception sanitaire est**

[62] *Le Monde, 6 mars 2001.*

formellement adopté dans une déclaration sur l'accord sur les ADPIC et la santé publique. Il n'y a pas négociation d'un nouvel accord mais interprétation de l'accord préexistant au vu des besoins spécifiques des pays pauvres en matière d'urgence sanitaire. La spécificité des problèmes de santé publique de ces pays est reconnue eu égard à la gravité de pathologies qui sévissent (VIH/sida, tuberculose, paludisme notamment) en même temps que le principe de la protection de la propriété intellectuelle est rappelé et ses conséquences financières reconnues. Il est donc décidé que **le droit des membres de l'OMC de protéger la santé publique doit être préservé et, en particulier, celui de promouvoir l'accès de tous aux médicaments.** En conséquence, **chaque Membre a le droit de déterminer librement ce qui constitue une situation d'urgence afin de pouvoir recourir aux dispositions de l'article 31**[63]. En conférant à chaque Etat la possibilité de constater lui-même, en fonction de ses critères propres, l'existence d'une situation d'urgence sanitaire, l'OMS permet ainsi d'assurer de façon concrète la flexibilité prévue par l'article 31, disposition que les pressions des firmes et l'attitude de certains pays riches rendaient inapplicables.

Les pays développés ont donc fini par comprendre qu'il était de leur propre intérêt d'accepter le principe d'une « exception sanitaire » qui aurait pour effet de maintenir leurs partenaires dans une situation économique et sociale viable, et, pour certains d'entre eux, les empêcheraient tout simplement de sombrer dans le chaos. Il s'agit là **de l'émergence, en matière de santé publique, de la notion d'intérêt général mondia**l, choix politique de la société correspondant aux intérêts bien compris de tous et qui figure d'ailleurs dans la constitution de l'OMS, dont le préambule dispose : « ***Les résultats atteints par chaque Etat dans l'amélioration et la protection de la santé sont précieux pour tous. L'inégalité des divers pays en ce qui concerne l'amélioration de la santé et la lutte contre la maladie, en particulier les maladies transmissibles, est un péril pour tous*** ». **Ce choix de**

[63] *O.M.C., WT/MIN(01)/DEC/W/2 du 14 novembre 2001. Il reste à trouver une solution pour que les pays qui n'ont pas d'industrie pharmaceutique locale puissent légalement importer des génériques. L'adoption du texte final a été fortement encouragée par les Etats-Unis qui, venant d'être confrontés au problème angoissant de la propagation du bacille du charbon, avaient négocié avec Bayer la fourniture d'énormes quantités d'antibiotique – le Cipro – à des prix très bas en brandissant, pour obtenir l'accord de la firme, la menace de fabrication éventuelle de génériques (Le Monde, 14 novembre 2001). Tiré de M. Poulain, « Urgence sanitaire et droit international, op.cit. p.11*

société conduit à faire passer, dans des circonstances graves, les intérêts de la santé publique avant ceux du commerce international.

Section 2. La géographie de l'industrie du médicament : la coopération technique des pays en développement (CTPD)

A. La CTPD : un modèle de décentralisation

Toute l'histoire de l'institutionnalisation sanitaire internationale est celle d'une tentative d'établissement unique de la santé avec l'OIHP (Office internationale d'hygiène publique), puis avec l'OMS), tentative qui apparaît rapidement chaque fois vouée à l'échec, à la fois à cause de l'exercice de compétences sanitaires par d'autres organisations internationales à vocation mondiale (après 1920 et surtout après la seconde Guerre mondiale) et du fait de la **volonté des Etats de traiter leurs problèmes sanitaires à l'échelon plus restreint géographiquement**. L'OMS a certainement bien compris cette double nécessité. Après avoir mis en place une structure déconcentrée, avec les Régions OMS, qui ont pu intégrer les organismes existants, dans le cas de la région de la Méditerranée orientale et aussi de la région des Amériques, l'OMS a également favorisé une certaine décentralisation, au sein même des Régions et aussi et surtout en favorisant le **mouvement de coopération technique entre pays en développement[64] (CTPD)**.

La mise en œuvre de la décentralisation sanitaire internationale entraîne l'élaboration d'un droit européen, d'un droit américain, d'un droit africain et d'un droit asiatique de la santé. Le concept de *Coopération sanitaire des pays en développement* (C.S.P.D), largement utilisé actuellement par l'OMS, dans le cadre de ses Régions, est le fer de lance de cette évolution.

La CSPD est une application particulière de la notion de coopération technique des pays en développement (C.T.P.D) qui a été officialisée en septembre 1978 à la Conférence de Buenos Aires des Nations Unies.

Pour mémoire, le secteur de l'industrie pharmaceutique est un domaine important de la CTPD. Les Régions OMS, hormis la Région

---

[64] *M Bélanger, "Réflexions sur la réalité du droit international de la Santé, Numéro 2 _ 1985, 1 avril 1986, revue québécoise de droit international, https//www.sqdi.org/fr/reflexions-sur-la-realite-du-droit-a-la-sante/ p 30-31.*

européenne, possèdent des sous-comités de la CTPD. Les communautés régionales du Tiers-Monde ont elles-mêmes engagé des actions de CPTD, comme par exemple, la Communauté économique des Grands Lacs qui tente depuis 1984 de réduire le coût de l'implantation d'industries pharmaceutiques ; le Traité portant création de I 'Agence Africaine du Médicament, adopté le 11 février 2019 à Addis--Abeba. Le Cameroun devient ainsi membre par décret N°2021/440 du 20 août 2021 portant ratification du Traité portant création de I' Agence Africaine du Médicament, adopté le 11 février 2019 à Addis--Abeba

LA CSPD est un des piliers du nouvel ordre sanitaire international. L'O.M. S admet ainsi que :

> *Le but de la coopération technique entre pays en développement est l'instauration de l'auto-responsabilité nationale et collective qui peut être considérée comme un outil utilisé pour atteindre les objectifs nationaux en vue de parvenir au but final de la santé pour tous d'ici l'an 2000.*

L'application du concept C.S.P.D présente un certain nombre d'**avantages**. Elle favorise la coordination par l'OMS des activités sanitaires des pays en développement, grâce à plusieurs moyens qui sont principalement la collaboration dans la mise en place des systèmes d'information, la révision de la législation nationale tenant compte des objectifs d'harmonisation, et la formulation de stratégies de développement. Elle offre également la conciliation entre la déconcentration et la décentralisation sanitaires internationales, car elle permet aux pays en développement d'établir leurs propres programmes, supplée aux faiblesses financières de ces pays et leur donne des moyens de coopération. La C.S.P.D. , associée à la participation de l'O.M.S. , réduit en quelque sorte les excès de la déconcentration et de la décentralisation sanitaires internationales[65].

Le concept de CSPD connait aussi un certain nombre de limites dans son application. **Son domaine concerne principalement les médicaments essentiels et la formation du personnel de santé.** C'est un concept qui a toutefois, le mérite d'associer les Etats d'un ensemble géographique à l'élaboration, avec l'appui de la communauté

[65] *M Bélanger, "Réflexions sur la réalité du droit international de la Santé, Numéro 2 _ 1985, 1 avril 1986, revue québécoise de droit international, https//www.sqdi.org/fr/reflexions-sur-la-realite-du-droit-a-la-sante/ p 55.*

internationale, de programmes sanitaires. L'effort de coordination des législations nationales qui en résulte peut aboutir à une meilleure adaptation des règles de droit international de la santé aux réalités régionales. **C'est en ce sens que les règles juridiques à portée régionale peuvent être fixées**, dans le cadre de l'élaboration du droit international de la santé. Il n'y a pas en réalité d'opposition de nature entre le droit occidental de la santé et le droit tiers-mondiste de la santé, mais seulement une différence de technicité. La mise en œuvre du concept C.S.P.D. peut réduire ce décalage[66].

Le Cameroun entame la mise en application du Traité portant création de l'Agence Africaine du Médicament L'OMS qui reste l'organisation principale de la Santé à vocation mondiale, a donc une politique souple à l'égard des organisations internationales exerçant des compétences sanitaires. Elle agit **conjointement** avec les différentes organisations du système des Nations Unies, conclut des « accords officiels » avec des organisations régionales (*Ligue Arable, l'Organisation de l'Unité Africaine, la Banque Africaine de Développement, la Banque islamique de Développement*) (…). Mais l'OMS n'a pu admettre la délégation par elle-même de compétence d'ordre sanitaire à d'autres organisations, en particulier régionales. Sa fonction ultime reste la Coordination des activités sanitaires internationales et, sur le plan proprement juridique, l'**unification des normes sanitaires**.

B. Faut-il investir dans l'industrie pharmaceutique dans la sous-région Afrique centrale ?

Très peu d'entreprises sont actives dans l'industrie pharmaceutique en Afrique. L'Afrique Centrale, notamment le Cameroun, a essayé de mettre en place une industrie pharmaceutique au plus profond de la crise économique qui a frappé les pays africains durant la décennie 1980. Dans la dynamique des réformes adoptées pour résoudre la grave crise économique et assainir l'environnement financier qui a été durement frappé par la crise, au point de causer non seulement la fermeture de plusieurs établissements bancaires mais aussi la privatisation de

[66]*M Bélanger, "Réflexions sur la réalité du droit international de la Santé, op.cit, p 56.*

nombreuses entreprises publiques, la première entreprise active dans l'industrie pharmaceutique fut créée en 1986[67].

L'offre en produits pharmaceutiques en provenance du continent ne représente que 2%[68] de l'offre mondiale. Les quelques entreprises existantes sont les filiales des laboratoires délocalisés sur le continent. C'est le cas de Sanofi Aventis, Pfizer, Cipla. Ces laboratoires se concentrent sur la production de médicaments génériques destinés au marché local et s'activent à la recherche. Seule l'Afrique du Sud dispose d'une industrie pharmaceutique assez développée. L'essentiel de la consommation de produits pharmaceutiques est couvert par les importations en provenance d'Europe et d'Asie, notamment de l'Inde.

De même l'inadéquation du cadre réglementaire pour la pratique de cette industrie, assez particulière, parce que tenant du secteur de la santé, constitue un blocus pour de nombreuses firmes pharmaceutiques.

En dépit de cette situation, l'Afrique peut exploiter ce secteur comme levier au développement. En effet, l'implantation de nouvelles industries permettra au-delà de la prise en charge de problèmes liées à la santé à moindres coûts, à créer des emplois[69].

Enfin, les prix élevés des médicaments provoquent la création d'un marché parallèle, qui constitue aujourd'hui un véritable enjeu de santé publique dans de nombreux pays africains.

C. Conséquences du développement du commerce pour la santé

La libéralisation du commerce peut agir sur la santé de diverses manières. Les effets sont parfois directs et visibles, par exemple lorsqu'une maladie franchit une frontière avec une marchandise exportée ou lorsqu'une flambée de maladie désorganise les échanges et le trafic. Dans d'autres cas, les effets sont plus indirects. Ainsi, la réduction des tarifs douaniers peut *faire baisser les prix du matériel médical et des produits liés à la santé, comme le sang et les produits

---

[67] *Sous le nom de Cameroon Pharmaceutical Trading & Industries en abrégé CAMPHARM SA.*

[68] Ref. Nelly Agbokou, Investir dans l'industrie pharmaceutique en Afrique in ORDES (Observatoire de recherche du développememnt et d'entraide et de Solidarité

[69] *Nelly Agbokou, Investir dans l'industrie pharmaceutique en Afrique in ORDES (Observatoire de recherche du développememnt et d'entraide et de Solidarité, https://ordesong.com consulté le 02/08/2022 à 13 :25.*

sanguins ; la modification des règles internationales concernant la protection conférée par les brevets influe sur l'accès aux médicaments essentiels, aux moyens diagnostiques et au transfert de technologie et, pour ce qui est des services de santé, *peut affecter les systèmes de santé nationaux. Inversement, les normes et règles sanitaires nationales et internationales peuvent avoir des incidences importantes sur le commerce, comme par exemple les normes, les directives et les recommandations du Codex Alimentarius, sur le commerce des denrées alimentaires, le Règlement sanitaire international, sur le trafic international et la Convention-cadre de l'OMS pour la lutte antitabac, sur le commerce des produits du tabac.

Titre III. LES PROCEDURES COLLECTIVES INTERNATIONALES SELON LE RÈGLEMENT SANITAIRE INTERNATIONAL

La Directive 6 de Maastricht affirme que : « *la défaillance des Etats à fournir des soins de santé primaires à ceux qui en ont besoin peut être considérée comme une violation* » de l'obligation d'exécution. En accord avec l'obligation de garantir un niveau de subsistance à la population (CDESC Observation générale 3), l'OMS soutient aussi *« qu'il y a un état minimum de santé en dessous duquel aucun individu dans aucun pays ne devrait se trouver »*. La Déclaration Alma-Ata identifie les soins de santé primaires (SSP) comme la clé pour remplir une telle obligation, puisqu'ils sont essentiels pour atteindre « *un niveau de santé qui permettra à tout le monde de mener une vie sociale et économique productive* » (Para.5).

Les SSP « constituent le premier élément à un processus permanent « et sont décrits comme « la fonction centrale et le point de focalisation du système de santé du pays, et ils font partie intégrante du « développement avant tout social et économique de la communauté » (para. 6.). La déclaration invite les gouvernements à formuler des politiques nationales, des stratégies et des plans d'action propres à garantir les SSP pour tous (para. 8). D'après l'organisation panaméricaine de la santé (OPS), même si les SSP ne peuvent pas être la base d'un droit humain qu'on peut exiger à titre individuel, « ils peuvent servir de point de départ à l'esquisse du contenu de l'obligation du gouvernement ». La Déclaration d'Alma-Ata décrit les SSP comme contenant au moins :

1) *Une éducation concernant les problèmes de santé qui se posent ainsi que les méthodes de prévention et de lutte qui leur sont applicables,*
2) *La promotion de bonnes conditions alimentaires et nutritionnelles,*
3) *Un approvisionnement suffisant en eau saine et des mesures d'assainissement de base,*
4) *La protection maternelle et infantile y compris la planification familiale,*
5) *La vaccination contre les grandes maladies infectieuses,*
6) *La prévention et le contrôle des endémies locales,*

7) *Le traitement des maladies et lésions courantes et la fourniture de médicaments essentiels (para. 8 [3]).*

On peut trouver l'autorité légale pour considérer que les soins de santé primaires faisant partie des obligations de l'Etat à l'article 24 (2)(b) du CDE ; l'article 10 (2)(a) du Protocole de San Salvador ; Convention 169 de l'OIT sur les populations indigènes, article 25 (2) et 25(3) ; et la Déclaration d'Alma-Ata. De plus, les soins de santé primaires font partie du programme d'action de la Conférence internationale du Caire sur la population et le développement et du programme d'action du sommet mondial sur le développement social.

Encadré IV. Le médicament : secteur de souveraineté

*Un **rapport parlementaire sur la chaîne du médicament en France** paru fin juin 2021 dresse le constat du déclin de l'industrie pharmaceutique française. Face à cet état des lieux, le rapport formule également des propositions pour inverser cette tendance.*
Cette mission d'information parlementaire a axé son analyse autour de trois thématiques principales :

- *La recherche et l'innovation thérapeutique ;*
- *La souveraineté sanitaire ;*
- *La lutte contre la pénurie de médicaments.*

Déclin de l'industrie française du médicament
Le médicament suit un parcours complexe jalonné par :

- *La recherche ;*
- *L'**autorisation de mise sur le marché (AMM),** au vu de la balance bénéfice/risque ;*
- *L'évaluation du médicament en vue de son remboursement par **l'assurance maladie** ;*
- *La négociation du prix ;*
- *La fixation du taux de **remboursement des médicaments**.*

La puissance publique intervient à chaque étape pour permettre aux patients un accès équitable aux médicaments les plus performants.
*L'industrie pharmaceutique doit assurer la production, l'approvisionnement et la mise à disposition des médicaments à des prix abordables. Ces dernières années se sont constitués des groupes d'envergure mondiale qui externalisent l'activité de recherche et de développement à des start-up spécialisées. Ce secteur, de plus en plus lucratif, obéit aujourd'hui à **une logique financière**. Pour maximiser leurs profits, les grandes firmes :*

- *Réduisent les coûts de production en délocalisant la fabrication des principes actifs ou en confiant le façonnage à des sous-traitants dans des pays où les salaires sont moindres et les normes sociales moins exigeantes ;*
- *Centrent leur production sur les champs thérapeutiques les plus rentables (biotechnologies, génomique). Les prix très élevés des traitements innovants, fondés sur les technologies de pointe, menacent la soutenabilité du système de santé et la disponibilité des médicaments pour tous les patients.*

L'industrie française du médicament décline
*Depuis 15 ans. La France est devenue moins attractive en matière de recherche en raison des faibles moyens dédiés et des longues procédure d'AMM et de fixation de prix. La production pharmaceutique, encore dynamique, n'a pas su faire face aux mutations du secteur. La France produit peu de médicaments et a perdu sa souveraineté sanitaire. Les **pénuries** se multiplient et ont parfois de graves conséquences pour les patients.*
(...)
Comment remédier à cette situation ?
*Améliorer l'accès des patients à tous les médicaments suppose **de simplifier et renforcer la gouvernance de la chaîne du médicament** et d'assurer sa coordination avec les instances européennes. Le rapport préconise ainsi de :*

- *Créer une fonction de Haut-commissaire aux produits de santé chargé de définir une stratégie globale ;*
- *Accorder plus de moyens aux instances de décision et de régulation telles que la Haute Autorité de la santé tout en favorisant leur synergie ;*
- *Rendre le prix du médicament plus transparent et le fixer au niveau européen ;*
- *Modifier les critères de fixation du prix pour mieux tenir compte des exigences de souveraineté et de sécurité d'approvisionnement ;*
- *Obtenir des entreprises, en contrepartie du soutien de l'Etat, qu'elles alignent leurs stratégies avec les objectifs de santé publique *.*

Afin de permettre à la France de reconquérir ***sa souveraineté sanitaire****, le rapport recommande :*

- *D'attribuer des montants accrus aux projets de recherche et aux essais cliniques ;*
- *De favoriser les partenariats public-privé ;*
- *De renforcer le dispositif juridique de prévention et de gestion des pénuries de médicaments ;*
- *De relocaliser la production de médicaments essentiels soumis à des risques de pénuries.*

~~*Donnée très importante dans le contexte africain[1].~~

Encadré V. La sécurité sanitaire et le médicament : ou préférence nationale

Réussir la souveraineté sanitaire des pays africains est indispensable pour assurer un approvisionnement continu en médicaments ; contribuer à la généralisation de la couverture maladie universelle (CMU) et faire du « made in Cameroon » un marqueur de qualité, de compétitivité et de durabilité.

« **L'autonomie sanitaire passe inévitablement par le renforcement de la fabrication locale ».**

- Les industriels ne cessent de plaider pour la simplification des règles liées à l'octroi des Autorisations de Mise sur le Marché (AMM) conformément aux recommandations .... En appelant à attribuer la priorité dans les octrois d'AMM et des appels d'offres public aux médicaments fabriqués localement notamment les génériques.

« ***Soulignant l'importance que continue de revêtir le Règlement sanitaire international comme instrument mondial fondamental pour la protection contre la propagation internationale des maladies*** », l'Assemblée mondiale de la Santé indique sans ambiguïté que le RSI (2005) *reste* ou mieux *est* la « prescription[70] » et/ou le « manuel » de départ en cas de Pandémie. Quand on sait que l'accès aux médicaments, comme relevé plus haut, selon la théorie de l'exception sanitaire, permet le passage de l'intérêt de quelques-uns à un intérêt général bien compris.

Partant de cette hypothèse et eu égard à tout ce qui a été susmentionné sur l'exception sanitaire et sur les SSP, l'offre en médicament devrait occuper une place de choix dans la lutte contre les Pandémies. ***Comment donc expliquer qu'en Afrique subsaharienne que très peu d'entreprises sont actives dans l'industrie pharmaceutique avec une demande en produits pharmaceutiques de plus en plus croissante ?*** Mais plus encore comment comprendre le peu d'intérêt porté au **règlement des difficultés des entreprises actives dans l'industrie pharmaceutique dans la zone Afrique** ? Or, comme nous le démontrerons dans les prochaines lignes, ***Répondre aux difficultés des entreprises en difficulté du secteur de la santé revient à « se protéger » des Pandémies***[71] ***à travers la mise en œuvre du règlement sanitaire internationale (RSI 2005)***.
Un point très important est celui du rôle « clé » du domaine du transport dans la mise en œuvre de la procédure collective prévue dans le RSI (2005).

Le RSI (2005), instrument mondial fondamental de protection contre la propagation des maladies, s'est penché sur une catégorie spécifique de procédure collective conformément à l'esprit de l'Organisation

[70] Arthur Drews, Lehbruch der Logik (Manuel de logique), Berlin, 1928, p10 : « Les normes [...] sont des prescriptions ou des règles qu'il faut observer si l'on veut qu'un certain but soit atteint » cité dans Théorie Générale des Normes de Hans Kelsen, p 11.

[71] Les quelques entreprises existant sont des filiales de laboratoires délocalisés sur le continent. C'est le cas de Laborex, Sanofi Aventis, Pfizer, Cipla. Ces laboratoires se concentrent sur la production de médicaments génériques destinés au marché local et s'activent surtout dans la recherche. Seul l'Afrique du sud dispose d'une industrie pharmaceutique assez développée. L'essentiel de la consommation de produits pharmaceutiques est couvert par les importations en provenance d'Europe ou d'Asie, notamment de l'Inde. l en ressort un coût d'achat / de vente assez élevé pour les médicaments, même génériques, dans un continent où plus de 50% de la population dispose d'un revenu de moins de 2 USD en parité du pouvoir d'achat par jourTiré de https://ordesong.org/industrie-pharmaceutique/ lu le 15/08/2022 à 23 :43 .

mondiale de la Santé [(art 2. c) parmi les fonctions qu'exerce l'organisation pour atteindre son but, il y a celui d'aider les gouvernements, sur leur demande, à renforcer leurs services de santé] : **le REDRESSEMENT**.
Il régit à cet effet deux (02) procédures collectives d'apurement du passif que nous qualifierons de :

- Procédure simplifiée de redressement (Chapitre 1)
- Procédure de redressement pour Urgence de santé publique de portée internationale (Chapitre 2)

Il sera loisible d'apprécier que ces procédures collectives ont une condition commune d'ouverture : **l'évaluation** au regard de de l'instrument de décision figurant à l'annexe 2 du RSI. Mais elles se distinguent au niveau de leur déclenchement. Nous constaterons plus en détail que l'ouverture d'une procédure collective de redressement pour USSPI est subordonné, outre l'évaluation sus indiquée, à la détermination par le Directeur Général de l'OMS de l'existence d'une urgence de santé publique à portée internationale.

CHAPITRE I. **La procédure internationale simplifiée de redressement du RSI (2005)**

Les dernières décennies ont été marquées par la prise en compte des Etats du déséquilibre mondial que représentent les pandémies (ex : le VIH Sida). C'est ainsi qu'on peut comprendre l'ensemble des mesures prévues par le Règlement sanitaire international (RSI 2005) pour réagir en cas de survenance de pandémies. Ces mesures sont envisagées autour d'une procédure organisée et collective de protection des structures et ressources nationales relevant du domaine de la santé contre les effets des pandémies.
L'objectif de cette procédure est de sauver, de préserver les structures et ressources nationales existantes d'un Etat Partie concerné en facilitant leur mise à niveau moyen d'accords de restructuration passé soit avec l'OMS et/ou soit avec les Etats membres d'une zone géographique donnée et sous la supervision de l'OMS – comme nous le démontrerons plus tard. Cette procédure peut aboutir à l'acquisition, au renforcement et au maintien des capacités requises en vertu du RSI (2005) et à la mobilisation des ressources nécessaires à cette fin. Toute chose qui s'apparente de très près en droit commun au Redressement judiciaire[72] . C'est ce qui nous permet de qualifier la procédure collective décrite par le RSI (2005) de **« procédure de Redressement ».**

Le rejet du droit commun. Le RSI (2005) révèle le souci de faire échapper les structures et ressources nationales, en vue de se doter des principales capacités requises pour la protection contre les Pandémies (par exemple le Covid-19), au droit commun des procédures collectives, du moins dans la globalité de ses dispositions. On peut y déceler non seulement le souci de protéger les ressources humaines et financières (épargne) mais aussi la protection d'importantes infrastructures pérennes et en difficulté requises notamment les aéroports, ports, industries pharmaceutiques, hôpitaux … (pour ne citer que cela) aux quelles le droit commun est inadapté.

---

[72]Le redressement judiciaire est une procédure qui peut être utilisée lorsque l'entreprise est déjà entrée en état de cessation des paiements, mais reste viable. L'objectif de cette procédure est de sauver une entreprise viable en effaçant une partie de ses dettes au moyen d'un accord de restructuration passé avec ses créanciers et homologué par le juge. Cette procédure peut aboutir à la continuation de l'entreprise, ou à la cession de certaines activités de celle-ci.

La reconnaissance et les effets de la procédure collective par les Etats parties de l'OMS. La santé est et reste le bien commun de l'humanité. On constate que les procédures collectives du RSI (2005) ont ceci de spécifique qu'elles obligent tous les Etats parties de l'OMS. Nous le verrons plus en détail au chapitre suivant.

Section 1. Les spécificités de la procédure internationale de redressement dite simplifiée du RSI 2005

A. Cas de risque pour la santé publique

Il s'agit ici d'une procédure collective de redressement qui s'applique aux structures nationales relevant non seulement du domaine de la santé publique mais aussi admises à intervenir ou participer au vaste processus de lutte contre la pandémie en cas de risque pour la santé publique

B. Le rôle principal de l'Etat Partie.

La procédure de redressement dite *simplifiée* est celle qui incombe à chaque Etat Partie. Il lui revient pour ce faire, conformément aux prescriptions du Règlement sanitaire international, de s'assurer du respect des processus :

- ***D'évaluation***
- ***De planification et,***
- ***De mise en œuvre du Règlement.***

Cet agenda permet à l'Etat concerné de déclencher la procédure de redressement des structures indispensables en vue de se doter des principales capacités requises en vertu du Règlement.

Cette procédure de redressement selon le RSI est assez spécifique car elle met à contribution certains domaines d'activités, notamment celui du Transport.

C. Le rôle clé des points d'entrée désignés : aéroports, ports et postes-frontières

1. Définition

S'il est une chose qui attire l'attention du lecteur du RSI (2005) c'est la référence récurrente au domaine du transport, et notamment aux points d'entrée : aéroports, ports, postes-frontières.

Un point d'entrée s'entend selon le RSI comme *« **un point de passage pour l'entrée ou la sortie internationales des voyageurs, bagages, cargaisons, conteneurs, moyens de transports, marchandises et colis postaux ainsi que des organismes et secteurs leur apportant des services à l'entrée ou à la sortie** »*.

Les articles 19 à 22 sont spécifiquement consacrés au point d'entrée. L'article 20 précise que : « *les Etats Parties désignent les aéroports et les ports qui doivent acquérir et maintenir les **capacités prévues à l'annexe** **1*** » (NOTE 1).

Le secteur du transport – ou du mieux les exploitants de transport - joue ainsi un rôle clé en ce qui concerne les activités liées aux activités concernant les aéroports, ports et postes-frontières dans le cadre de la protection internationale contre les pandémies.

Nous verrons plus loin, le privilège qui est reconnu aux exploitants de transport dans certaines procédures notamment la procédure de détermination des urgences de santé publique de portée internationale. **Cet aspect des choses nous amène à nous appesantir sur la mise à contribution des points d'entrée dans la procédure d'apurement du passif proposé dans le RSI (2005).**

2. Obligations des Etats

Conformément aux dispositions de l'article 19 RSI (2005) chaque Etat partie est soumis aux obligations suivantes :

- Veiller à ce que **les capacités énoncées à l'annexe 1** concernant les points d'entrée désignés soient acquises dans les délais prévus au paragraphe 1 de l'article 5[73] et au paragraphe 1 de l'article 13[74].

- Précise quelles sont les autorités compétentes à chaque point d'entrée désignée sur son territoire ; et
- Fournit à l'OMS, dans la mesure du possible lorsque celle-ci le demande pour faire face à un risque potentiel pour la santé publique, des données pertinentes concernant les sources d'infection ou de contamination, et notamment les vecteurs et réservoirs, à ses points d'entrée, qui risquent d'entraîner la propagation internationale de maladies.

3. Impacts du RSI sur les points d'entrée désignés

Conformément aux dispositions de l'article 20 alinéa 1 du RSI : « ***les Etats Parties désignent les aéroports et ports qui doivent acquérir et maintenir les capacités prévues à l'annexe I »***.

> ➢ ***A titre illustratif, au Cameroun, le Port autonome de Douala (PAD), situé dans la grande métropole de Douala, fait partie des points d'entrée désignés au sens du RSI. A ce titre, la ville de Douala est au centre ou mieux est pleinement concernée par l'impact local et même national de la mise en œuvre du RSI puisque se situe sur son territoire le PAD désigné comme point d'entrée international au titre du RSI.***

Aux termes de ses articles 21 a) et 22, la Constitution de l'OMS confère à l'Assemblée mondiale de la Santé autorité pour adopter tels Règlements destinés à « empêcher la propagation des maladies d'un pays à l'autre » qui, une fois adoptés par l'Assemblée de la Santé, entrent en vigueur à l'égard de tous les Etats Membres de l'OMS qui

---

[73] *Article 5 alinéa 1 : « Chaque Etat partie acquiert, renforce et maintient, dès que possible mais au moins au plus tard dans les cinq ans suivant l'entrée en vigueur du présent Règlement à l'égard de l'Etat partie, la capacité de détecter, d'évaluer, de notifier et de déclarer des évènements en application du présent Règlement, comme indiqué à l'annexe I ».*

[74] *Article 13 alinéa 1 : « Chaque Etat Partie acquiert, renforce et maintient, dès que possible mais au plus tard dans les cinq ans suivant l'entrée en vigueur du présent Règlement à l'égard de cet Etat Partie, la capacité de réagir rapidement et efficacement en cas de risque pour la santé publique et d'urgence de santé publique de portée internationale, conformément à l'annexe I. L'OMS publie, en consultation avec les Etats Membres, des principes directeurs pour aider les Etats Parties à acquérir les capacités d'action de santé publique. »*

ne les ont pas expressément refusés dans les délais prescrits. C'est un impératif catégorique.
La mise en œuvre du présent Règlement met en mouvement la batterie de mesures mis à la charge de l'Etat Partie

4. Principales capacités requises aux points d'entrée

Selon le préambule de l'annexe1 B du RSI (2005), les Etats membres doivent se doter des capacités pour assurer les activités de surveillance, de déclaration, de notification et d'actions spécifiquement pour les points d'entrée.

1) *En permanence la capacité :*

a) *i) D'assurer l'accès à un service médical approprié, y compris à des moyens diagnostiques situés de façon à permettre l'examen et la prise en charge rapides des voyageurs malades ; et*

ii) de mettre à disposition des personnels, du matériel et des locaux adéquats.

b) *De mettre à disposition le matériel voulu et le personnel approprié pour permettre le transport des voyageurs vers un service médical approprié ;*
c) *De fournir les services d'un personnel qualifié pour l'inspection des moyens de transport.*
d) *D'assurer l'hygiène de services utilisés par les voyageurs au point d'entrée, y compris l'approvisionnement en eau potable, les établissements de restauration, les services de restauration à bord et les toilettes publiques, ainsi que celles des services d'évacuation des déchets solides et liquides et des autres zones potentiellement à risque, en conduisant, au besoin, des programmes d'inspection ; et*
e) *De mettre en place dans la mesure où cela est possible dans la pratique un programme conduit par le personnel qualifié pour lutter contre les vecteurs et les réservoirs aux points d'entrée et à proximité de ceux-ci.*

2) *Pour faire face aux évènements pouvant constituer une urgence de santé publique de portée internationale.*

La capacité :

a) *D'organiser une action appropriée en établissant et en maintenant un plan d'intervention pour les urgences de santé publique, y compris la désignation d'un coordonnateur et de responsables pour les points d'entrée et les organismes et services de santé publique et autres qui sont concernés ;*

b) *D'assurer l'examen et la prise en charge des voyageurs ou des animaux affectés en passant des accords avec les services médicaux et vétérinaires locaux pour permettre leur isolement et leur traitement et fournir les autres serviteurs d'appui éventuellement nécessaires ;*

c) *De prévoir un espace approprié, séparé des autres voyageurs, pour les entretiens avec les personnes suspectes ou affectées ;*

d) *D'assurer l'examen et, si nécessaire, la mise en quarantaine des voyageurs suspects, de préférence dans des installations éloignées du point d'entrée ;*

e) *D'appliquer les mesures recommandées pour désinsectiser, dératiser, désinfecter, décontaminer ou traiter d'une autre façon les bagages, cargaisons, conteneurs, moyens de transport, marchandises et colis postaux, y compris, si nécessaire, dans des lieux spécialement affectés et équipés à cette fin ;*

f) *De soumettre les voyageurs à l'arrivée et au départ à des contrôles d'entrée et de sortie ; et*

g) *D'assurer l'accès des équipements spéciaux et à du personnel qualifié convenablement protégé, pour permettre le transfert des voyageurs pouvant être porteurs d'une source d'infection ou de contamination.*

5. Délai

Conformément aux décisions de la cinquante huitième Assemblée Mondiale de la Santé, le nouveau RSI est entré en vigueur le 15 juin 2007. Dès cette date, les Etats parties avaient à déterminer et faire connaître à l'OMS leur point focal national. Les Etats membres devaient également désigner les points d'entrées désignés. L'utilisation de l'arbre de décision (annexe2) qui vise à évaluer et à notifier un évènement susceptible de devenir une urgence de santé publique à portée internationale (USPPI).
Selon les dispositions de l'annexe I. A :

« I. Les Etats Parties <u>utilisent</u> les structures et ressources nationales existantes en vue de se doter des principales capacités requises en vertu du présent Règlement pour s'acquitter notamment :

a) *De leurs activités de surveillance, de déclaration, de notification, de vérification, d'action et de collaboration ; et*

b) *De leurs activités concernant les aéroports, ports et postes-frontières désignés.*

2.Chaque Etat Partie <u>évalue</u>, dans les deux ans qui suivent l'entrée en vigueur du présent Règlement à l'égard de cet Etat Partie, <u>la capacité des structures et ressources nationales existantes à satisfaire aux prescriptions minimales de la présente annexe</u>. A la suite de cette évaluation, <u>les Etats Parties élaborent et appliquent des plans d'action pour que ces principales capacités soient présentes et fonctionnent sur leur territoire</u> comme il est stipulé au paragraphe 1 de l'article 5 et au paragraphe A de l'article 13 » *(...)*

A cet effet, les Etats membres doivent fournir à l'OMS un état des lieux exhaustif des capacités, structures et ressources nationales pour satisfaire aux besoins exprimés dans l'annexe 1 en **juin 2009.** Au terme de cette évaluation, les Etats doivent fournir un plan d'action afin de répondre aux exigences du RSI et de mise en conformité juridique et ceci dans un délai maximal de cinq (5) ans *(article 13 paragraphe 1),* soit en 2012. A titre exceptionnel, un délai supplémentaire de deux (2) ans pourra être accordé sur présentation d'un nouveau plan d'action *(article 5 paragraphe 2 ; article 13 paragraphe 2)*. Ce délai pouvant être reconduit par le Directeur Général de l'OMS, la situation de cet Etat sera alors réexaminée chaque année.

6. *Les autorités responsables*

a. Le point focal National

Selon le RSI (2005) le point focal national RSI « *s'entend du centre national, désigné par chaque Etat partie, qui doit être à tout moment à même de communiquer avec les points de contact RSI à l'OMS aux fins du présent Règlement* ».

En conséquence, le point focal est le lieu permanent (7jours/7 et 24 heures/24) de l'échange d'information entre les autorités sanitaires qui le désignent et l'OMS.

Ce point focal doit être à tout moment à même de communiquer avec les points de contact RSI à l'OMS (art 4 al. 2). De plus, les Etats membres doivent adapter leurs systèmes de surveillance nationaux afin que le point focal soit en mesure de transmettre sous 24 heures à l'OMS les informations sur la survenue d'évènements de portée internationale, portée évaluée en fonction de l'algorithme de décision qui est annexé au RSI (annexe 2).

Compte tenu du champ large du RSI, le point focal national au Cameroun doit être le point de convergence des alertes sanitaires, et être également en mesure de communiquer rapidement aussi bien avec les différentes agences de sécurité sanitaire ayant des fonctions de surveillance ou d'expertise (notifications des alertes), qu'avec les ministères chargés de la réponse (informations sur les mesures prises à l'échelle nationale et recommandations ou demandes d'informations provenant de l'OMS), qu'avec l'OMS.

Au Cameroun, le point focal national du RSI est **l'Observatoire National de Santé Publique (ONSP).**

Encadré VI. L'Observatoire National de Santé publique
Une structure sous tutelle du Ministère de la santé publique ; créée par Décret du Premier Ministre N° 2010/2952/PM du 1er Novembre 2010.
Mission générale :
Production et dissémination des connaissances sur la santé des populations afin d'éclairer les politiques publiques.
Missions spécifiques :
- Assurer la veille sanitaire et l'alerte,
- Assurer la disponibilité, la fiabilité, le partage et la publication des informations sanitaires ;
- Réaliser des études, enquêtes épidémiologiques et de satisfaction des usagers en liaison avec les structures concernées ;
- Coordonner le **réseau national de producteurs de données sanitaires** pour la définition des priorités nationales, l'harmonisation et l'alignement des investissements des partenaires sur les systèmes de données ;
- **Suivre, évaluer la mise en œuvre du Règlement sanitaire international et en assurer la promotion et la vulgarisation** ;

Autres missions :
L'Observatoire National Santé Publique est le Point Focal National du RSI. A ce titre, il est chargé de l'information, de la communication et de la notification aux fins de mise en œuvre dudit règlement.

b. Le rôle des autorités compétentes

Le rôle des autorités compétentes au point d'entrée est énuméré à l'article 22 alinéa 1 RSI (2005). Rôle qui les rend responsables (article 22 al 1.g) de la ***supervision*** des **fournisseurs de services**[75] concernant les voyageurs, bagages, cargaisons, conteneurs, moyens de transport, marchandises et colis postaux et les restes humains aux points d'entrée, y compris de la conduite des inspections et des examens médicaux.
Le RSI (2005) a pour ainsi dire vocation à s'appliquer aux fournisseurs de service des points d'entrée.

---

[75] *Ce rôle de supervision des fournisseurs de services nous paraît d'une réelle importance dans la gestion des activités des ports, aéroports et postes-frontières. Des secteurs qui en Afrique subsaharienne fonctionnent parfois comme des zones de non-droit où le désordre fait son lit. Pourtant, qui à y voir de près sont des zones à risque pour la lutte contre la propagation des maladies infectieuses. Pour ce faire, il est intéressant de constater que l'Assemblée Mondiale de la Santé, au point 4 du Préambule du RSI, DECIDE qu'aux fins du paragraphe 1 de l'article 14 du Règlement sanitaire internationale (2005), les autre organisations intergouvernementales et les organismes internationaux compétents avec lesquels l'OMS est appelée à coopérer et à coordonner ses activités, selon le cas, sont notamment les suivants : Organisation des Nations Unies, Organisation internationale du travail, Organisation des Nations Unies pour l'Alimentation et l'Agriculture, Agence internationale de l'Energie atomique,* ***Organisation de l'Aviation Civile Internationale****,* ***Organisation maritime internationale****, Comité international de la Croix-Rouge, Fédération internationale des Sociétés de la Croix-Rouge et du Croissant-Rouge,* ***Association du Transport aérien international****,* ***Fédération internationale des Armateurs****, et Office international des Epizooties.*

7. Cas des aéroports

Un équilibre de force qu'il est difficile de percevoir au premier abord, mais à bien y regarder cette mise à contribution du domaine du transport contribue à consolider un **réseau** de surveillance, de gestion des alertes et des contrôles sanitaires aux frontières[76].

Sous l'égide de l'OMS, les Etats se sont interrogés sur leurs capacités à détecter précocement tout signal susceptible de repérer un évènement pouvant avoir un impact sur la santé humaine afin de pouvoir limiter la propagation de ces maladies en prévoyant de ne pas limiter les mouvements des personnes et de marchandises tout en développant la surveillance des signaux et la gestion des alertes.
Des réseaux de surveillance internationaux se sont développées **pour favoriser la circulation de l'information**[77]. Du moins, conformément aux dispositions de l'article 2 du RSI (2005) qui dispose que :

> *L'objet et la portée du présent Règlement consistent à prévenir la propagation internationale des maladies, à s'en protéger, à la maîtriser et à y réagir par une action de santé publique proportionnée et limitée aux risques qu'elle présente pour la santé publique, en évitant de créer des entraves inutiles au trafic et au commerce internationaux.*

Deux axes sont poursuivis ici :

Premièrement : la surveillance et l'action pour la lutte contre la propagation internationale des maladies.

Deuxièmement : le maintien (à tous les prix) des activités liées au domaine du Transport (et/ou du commerce international).

L'aéronautique où le flux de mouvements des personnes est le plus perceptible, entretient une collaboration assez étroite avec l'OMS. C'est l'une des plateformes qui permet le mieux d'apprécier les capacités de surveillance et de gestion des urgences, tels que définies dans le RSI pour les points d'entrée internationaux.

---

[76] *Sylvie Renard-Dubois, p. 32*

[77] *Sylvie Renard-Dubois, Application du Règlement Sanitaire International (RSI), au niveau du département du Val-De-Marne (94) et de son aéroport international, Mémoire de l'Ecole des Hautes Etudes en Santé publique- Septembre 2008, p 7.*

Outre les dispositions du **point 4 du Préambule du RSI (2005)**, le point 6.3 du même préambule donne au secteur aéronautique une place importante, quand il dispose que :

> L'AMS *prie le Directeur général :*
>
> *De transmettre à l'Organisation de l'Aviation civile internationale (OACI) les modifications recommandées à la partie relative aux questions sanitaires de la Déclaration générale d'aéronef et, lorsque l'OACI aura achevé sa révision de la Déclaration générale d'aéronef, d'en informer l'Assemblée de la Santé et de remplacer l'annexe 9 du Règlement sanitaire internationale (2005) par la partie relative aux questions sanitaires de la Déclaration générale d'aéronef telle que révisée par l'OACI.*

Une collaboration bien perceptible dans le secteur aéronautique. L'absence d'un élément du réseau de cette « blockchain », entrainerait l'éclaboussement de tout le système.

- ***(Revoir l'ensemble de la documentation de l'Autorité Aéronautique (AA)***

On peut comprendre que selon le RSI 2005, les pandémies quelles que soient leur ampleur ne doivent pas freiner les mouvements de va-et-vient à travers le monde. Ce que semble privilégier comme tout le RSI (2005) est de droit d'aller-et-de-venir des biens et des personnes.

- Les capacités nécessaires pour atténuer les cas importés au Points d'entrée désignés*

Ainsi, ce sont les pays et les territoires d'arrivée qui sont, in fine, tenus de déployer des efforts destinés à atténuer les effets des pandémies (COVID19).
Les capacités de santé publique et les capacités des systèmes de santé des pays doivent être appropriées, notamment aux points d'entrée (ports, aéroports, postes-frontières) afin de tester, d'isoler et de prendre en charge les cas, ainsi que pour mettre les contacts en quarantaine et pour échanger des informations et des données à l'échelle internationale si nécessaire.
A l'observation, on constate que le mesures qui sont prises dans nos pays depuis l'adoption du RSI (2005) tendent plutôt à faire disparaître l'existant (déjà affaibli). Notamment, dans le domaine de l'industrie du

médicament, domaine du chiffre dans le milieu de la santé, qui est frappé de plein fouet par les procédures de liquidation inadaptées. La destruction des édifices de santé dans les territoires en conflit, la mise en liquidation de « mastodontes » pharmaceutiques (pour la plupart situées dans et aux abords des ports…) n'inquiète et n'offusque personne. Or, selon les dispositions pertinentes du RSI (2005), **de pareilles structures et ressources participent non seulement au bon fonctionnement des activités concernant les ports, aéroports et postes-frontières des Etats membres**, mais aussi à la bonne gestion des difficultés des entreprises du secteur de la santé.

A. L'impact du transport sur les procédures collectives prévues par RSI (2005)

Le bon fonctionnement des activités concernant les points d'entrée est l'un des buts visés par le RSI (2005).
En effet, conformément aux dispositions de l'article 1 ANNEXE 1 RSI (2005) :

> *Les Etats Parties utilisent les structures et ressources nationales existantes en vue de se doter des principales capacités requises en vertu du Présent Règlement pour s'acquitter notamment :*
> - *De leurs activités de surveillance, de déclaration, de notification, de vérification, d'action et de collaboration ; et*
> - *De leurs activités concernant les aéroports, ports et postes-frontières désignés.*

Les points d'entrée étant directement concernés par les dangers potentiels, les principales capacités doivent s'y appliquer pour permettre la mise en œuvre effective des mesures sanitaires et prévenir ainsi la propagation internationale des maladies. A cette fin, les Etats parties doivent maintenir les principales capacités requises dans les aéroports et ports internationaux (et les postes frontières désignés par l'Etat lorsque la situation l'exige pour les raisons de santé publique) afin qu'ils soient en mesure d'appliquer les mesures permettant la gestion des différentes menaces pour la santé publique.
Le rôle des exploitants de Transport est également requis dans la gestion des crises. On le verra notamment à travers la notification de la décision de détermination des urgences de santé public de portée internationale

qui leur est faite – de manière un peu spéciale – par le Directeur Général (***art. 49***).
Ils sont, pour ainsi dire, acteurs des procédures collectives.

B. Le financement par l'Organisation mondiale de la santé (OMS) des entreprises en difficulté relevant du domaine de la sante des pays en développement

1. Un financement externe : encadré et limité dans sa mise en œuvre

En attendant la mise en œuvre par les Etats de la sous-région Afrique centrale de la décentralisation sanitaire internationale et partant du concept de coopération sanitaire internationale entre pays en développement (CSPD), l'OMS privilégie la **Collaboration avec ses Etats Membres.**
L'OMS est, à travers le RSI 2005, « *l'appui financier* » des Pays en développement dans la mise en œuvre du RSI (2005). C'est du moins ce qui ressort au ***point 6 paragraphe 6*** du Préambule du Règlement Sanitaire International (RSI 2005) par lequel l'OMS prie son Directeur Général *« de **collaborer** avec les Etats Parties dans la mesure du possible à la **mobilisation de ressources financières** afin d'apporter **un soutien** au pays en développement en vue de l'acquisition, du renforcement et du maintien des capacités requises en vertu du Règlement Sanitaire internationale »*.
Le mot est lâché. A travers le RSI, l'OMS offre son **soutien** au pays en développement pour la mobilisation des ressources financières dans le cadre de la mise en œuvre des prescriptions du RSI (2005).

Les outils :
La collaboration visée au ***point 6 paragraphe 6*** dont il s'agit se fait à deux (2) niveaux.

- Dans un premier temps, conformément à l'article 44 paragraphe ➡ 1- c) (RSI 2005)
  Les Etats Parties s'engagent à collaborer entre eux, dans la mesure du possible, pour :

a) Détecter et évaluer les événements, et y faire face conformément au présent Règlement ;
b) Assurer ou faciliter la coopération technique et l'apport d'un soutien logistique, en particulier l'acquisition, le renforcement

et le maintien des capacités de santé publique conformément au présent Règlement ;

c) *Mobiliser* ***les ressources financières <u>pour faciliter l'application de leurs obligations</u>*** *au titre du présent Règlement ; et Formuler des projets de loi et d'autres dispositions juridiques et administratives aux fins de l'application du présent Règlement.*

Ici, la collaboration se fait entre Etats d'une zone donnée.

A titre de rappel, le droit à la santé étant un droit régional, l'***alinéa 3 de l'article 57 du RSI (2005)*** précise que : « *Sans préjudice de leurs obligations découlant du présent Règlement, les Etats Parties qui sont membres d'une organisation d'intégration économique régionale appliquent les règles communes en vigueur au sein de cette organisation dans le cadre de leurs relations mutuelles* ».

On voit bien là l'influence de la Communauté sur les pratiques et les politiques de santé publique. C'est le cas de la Communauté Economique d'Afrique Centrale (CEMAC). Ainsi, la communauté devra veiller à utiliser les outils à sa disposition pour faciliter la mobilisation des ressources financières dans la zone.

- Dans un second temps, conformément à l'article 44 paragraphe 2 c.

➡ *<u>L'OMS collabore, dans la mesure du possible, avec les Etats Parties pour</u> :*

a) ***Évaluer et apprécier leurs capacités*** *de santé publique afin de faciliter l'application efficace du présent Règlement ;*

b) ***Assurer ou faciliter la coopération technique et l'apport d'un soutien logistique*** *aux Etats Parties ; et*

c) ***Mobiliser des ressources financières*** *qui aideront les pays en développement à acquérir, renforcer et maintenir les capacités prévues à l'annexe 1.*

A ce niveau, la collaboration se fait entre l'OMS et les Etat parties d'une zone concernée.

Toute chose qui obéit au ***Point 2 paragraphe 2 Préambule du RSI (2005)***, par lequel l'Assemblée Mondiale de la Santé (AMS) INVITE INSTAMMENT les Etats Membres : « **<u>à collaborer activement entre eux</u>** ***et*** **<u>avec l'OMS</u>** conformément aux dispositions pertinentes du

Règlement sanitaire international (2005) de façon à en assurer la mise en œuvre effective. Deux (2) scénarii s'offrent à nous :

- **D'abord, l'hypothèse où les Etats Parties concernés, de leur propre initiative, décident de collaborer, de mobiliser les ressources financières nécessaires et de mettre tout en œuvre pour l'application de leurs obligations au titre du RSI** : ce qui n'est pas souvent le cas dans nos Etats africains, jaloux de leur souveraineté et qui ont du mal à fonctionner dans une communauté. A titre illustratif, l'intégration dans la Sous-région Afrique Centrale plus proche de nous. A plus forte raison, leur intérêt à se tourner vers une intégration sanitaire.
- <u>Ensuite l'hypothèse où conformément à la lettre et à l'esprit du RSI[78], les Etats membres concernés ont recours à l'OMS pour les aider, les accompagner dans ce périlleux processus de mise en application de leurs obligations découlant du RSI :</u> A la lecture poussée du RSI, il ressort très clairement que les obligations au titre du Règlement sont tous sauf faciles. On peut dire sans risque de se tromper que ces obligations sont lourdes, surtout pour les pays en développement. Ils nécessitent énormément d'argent et de logistique. C'est en ce sens que l'OMS à travers l'expression « INVITE INSTAMMENT » lance comme un cri à l'endroit des Etats membres à prendre acte de ces difficultés et agir rapidement en conséquence.

2. Recherche de financement

A la demande des Etats concernés, l'OMS à l'image de la Banque Mondiale (BIRD et IDA) fournit non seulement les financements nécessaires mais aussi l'assistance techniques nécessaire aux pays en développement pour :

- D'abord, évaluer et apprécier l'existant

---

[78] Point 2 paragraphe 2 Préambule du RSI (2005) l'Assemblée Mondiale de la Santé (AMS) INVITE INSTAMMENT les Etats Membres : *« à collaborer activement entre eux et avec l'OMS conformément aux dispositions pertinentes du Règlement sanitaire international (2005) de façon à en assurer la mise en œuvre* effective ».
A l'article 5 paragraphe 3 : « *l'OMS aide les Etats Parties, à leur demande, à acquérir, renforcer et maintenir les capacités visées au paragraphe 1 du présent article* »
Article 13 paragraphe 3 : « *A la demande d'un Etat Partie, l'OMS collabore à l'action en cas de risque pour la santé publique et d'autres évènements en fournissant des conseils et une assistance technique et en évaluant l'efficacité des mesures de lutte mises en place, y compris, le cas échéant, en mobilisant des équipes internationales d'experts pour prêter assistance sur place. (...)* »

- Ensuite, coordonner la coopération technique (*comme expliquer plus haut,* ***la Coopération Technique est le modèle de décentralisation de traitement des problèmes sanitaires par Région- OMS (Asie – Afrique etc) dans lequel*** *le secteur de l'industrie pharmaceutique est un domaine important*[79]*. Les Régions OMS, hormis la Région européenne, possèdent des sous-comités de la CTPD.)* et l'apport d'un soutien logistique aux Etats Parties.
- Enfin, mobiliser les fonds nécessaires.

a) Etapes pour arriver au financement

Toutefois, il y a lieu de relever que :

- L'OMS prend en considération les difficultés des Etats parties d'une zone concernée à agir par eux-mêmes, d'où l'intervention de l'OMS.
- Au vu du listing fait dans les cas de figure à l'article 44, on pourrait croire à une démarche à adopter pour arriver au financement proprement dit.

La première étape : est celle envisagée par les Etats Membres eux-mêmes (article 44 paragraphe 1) qui :

1. Détectent et évaluent les événements et y font face
2. Assurent ou facilitent la coopération technique et l'apport du soutien logistique, en particulier, pour l'acquisition, le renforcement et le maintien des capacités de santé publiques requises *: compte tenu du fait que le RSI est obligatoire pour les Etats membres, ils leur reviennent au premier titre de :*
   - *Poser des actions concrètes visant à assurer ou faciliter la coopération technique et l'apport du soutien logistique pour l'acquisition, le renforcement et le maintien des capacités de santé publique.*
   - ***Ces actions (de sauvegarde) se veulent concertées (sur la base d'« accords »*** ;
3. Mobilisent par eux-mêmes les ressources financières

Résultat : ECHEC

La seconde étape : l'OMS collabore avec les Etats Parties

Comme nous ne cesserons de le rappeler dans le présent ouvrage, la mise en œuvre des actions de l'OMS est assise sur sa saisine par les Etats concernés. Il :

[79] Il y a quand même lieu de s'interroger sur l'impact des coopérations

1. Évalue et apprécie leurs capacités
2. Assure ou facilite la coopération technique et l'apport d'un soutien logistique aux Etats Parties ; et
3. Mobilise les ressources financières qui aideront les pays en développement à acquérir, renforcer et maintenir les capacités prévues à l'annexe 1.

L'impact de la coopération technique sur le financement :

A bien y observer, cette démarche se ferait dans l'ordre pour aboutir *in fine* au financement. Faut-il donc comprendre par-là que **sans coopération technique, il serait difficile d'en arriver au financement** ? Nous pouvons répondre par l'affirmative.

La facilitation de la coopération technique est un préalable à la mobilisation des ressources financières

.

A cet effet, l'impact de la coopération technique est souligné à l' ***'alinéa 3 de l'article 57 du RSI (2005)*** qui dispose que : *« Sans préjudice de leurs obligations découlant du présent Règlement, les Etats Parties qui sont membres d'une organisation d'intégration économique régionale appliquent les règles communes en vigueur au sein de cette organisation dans le cadre de leurs relations mutuelles »*. Dans le cas de la sous-région Afrique Centrale, nous disposons de la Communauté Economique et Monétaire de l'Afrique Centrale (CEMAC). En application des règles pertinentes du RSI, la CEMAC devrait faciliter la coopération technique (en organisant cela dans l'UNION (économique ou monétaire : comme il l'a fait avec la Banque des Etats de l'Afrique Centrale (BEAC).
Cela s'apprécie mieux dans le cadre du **secteur de l'industrie pharmaceutique** qui, nous l'avons déjà susmentionné, est un domaine important de la coopération technique des pays en développement (CTPD). Alors, à ce niveau, toute industrie pharmaceutique en devenir dans les pays en développement, au regard des gros et lourds lobbys à travers le monde, des batailles dans cette industrie, la solution trouvée par l'OMS pour permettre la survie des industries pharmaceutiques dans ces zones : est l'utilisation par ceux-ci de la CTPD. Certaines communautés régionales du Tiers-Monde ont elles-mêmes engagé des actions de CPTD, comme par exemple, la Communauté économique des Grands Lacs qui tente depuis 1984 de réduire le coût de

l'implantation d'industries pharmaceutiques. Il est plus qu'urgent que les autres communautés suivent.

En définitive, l'OMS est cette structure de financement pour pays en développement. Cette aide est à la disposition des Etats membres sous réserve de certaines conditions énumérées à l'article 44 RSI (2005).

Section 2. La procédure de redressement simplifiée proprement dite

A. Le régime particulier des entreprises relevant du domaine de la santé

Il est d'usage en droit commun que lorsqu'une entreprise a cessé ses paiements, elle tombe sous le coup de l'ouverture d'une procédure collective de : redressement judiciaire ou de liquidation des biens (article 25 AUPCAP[80]).
La procédure collective vise ainsi à aider les entreprises en difficulté à retrouver une situation pérenne. Le plus souvent, la société sera placée sous main de justice (d'un expert tiers ; administrateur, mandataire, liquidateur). La procédure est dite collective car les créanciers ne peuvent plus agir individuellement en recouvrement de créances.
Il est communément admis que l'Acte Uniforme des Procédures Collectives d'Apurement du Passif (AUPCAP) organise le traitement

---

[80] *Article 25 AUPCAP : « La procédure de redressement judiciaire ou de liquidation des biens est ouverte à tout débiteur en état de cessation des paiements.*
La cessation des paiements est l'état où le débiteur se trouve dans l'impossibilité de faire face à son passif exigible avec son actif disponible, à l'exclusion des situations où les réserves de crédit ou les délais de paiement dont le débiteur bénéficie de la part des créanciers lui permettent de faire face à son passif exigible.
Le débiteur qui est en cessation des paiements doit faire une déclaration aux fins d'obtenir l'ouverture d'une procédure de redressement ou de liquidation des biens quelle que soit la nature de ses dettes.
La déclaration de cessation des paiements doit être faite par le débiteur au plus tard dans les trentre (30) jours qui suivent la cessation des paiements et déposée au greffe de la juridiction compétente contre récépissé.
Sans préjudice des dispositions de l'article 33 ci-dessous, le débiteur précise dans la déclaration s'il demande l'ouverture d'une procédure de redressement judiciaire ou de liquidation des biens ».

des entreprises en difficulté dans tout l'espace OHADA. Il dispose, à cet effet, à son article 1-1 que :

> *Le présent Acte uniforme est applicable à toute personne physique exerçant une activité professionnelle indépendante,* ***civile, commerciale, artisanale ou agricole****, à toute personne morale de droit privé ainsi qu'à toute entreprise publique ayant la forme d'une personne morale de droit privé.*
> *Les procédures de conciliation, de règlement préventif, de redressement judiciaire et de liquidations des biens sont applicables* ***aux personnes morales de droit privé qui exercent une activité soumise à un régime particulier lorsqu'il n'en est pas disposé autrement dans la réglementation spécifique régissant ladite activité.*** *Les activités soumises à un régime particulier au sens du présent Acte uniforme et des textes régissant sont,* ***notamment****, celles des établissements de crédit au sens de la loi bancaire, des établissements de micro finance et des acteurs des marchés financiers ainsi que celles des sociétés d'assurance et de réassurance des Etats parties au Traité de l'OHADA.*

1. Il est clair que l'Acte Uniforme ne s'intéresse pas au sort des entreprises publiques. Cet aspect, en droit camerounais, est laissé à **la loi n° 2017/011 du 12 juillet 2017 portant statut général des entreprises publiques** qui dispose en son article 1er que : « *(1) la présente loi porte statut général des entreprises publiques ; (2) Elle fixe les règles de création, de constitution, de fonctionnement, de dissolution et de liquidation des entreprises publiques.* ».
   Seule la liquidation est envisagée dans ladite loi**. Quid du sort des entreprises publiques en difficulté mais ayant de réelles chances de survivre ?** Le Redressement serait-il une pratique réservée aux personnes morales de droit privé ? la **liquidation et/ou la privatisation** seraient les seuls sorts réservés et envisagés aux entreprises publiques qui connaitraient des difficultés au sens de ladite loi ? ces questions à notre avis méritent qu'on s'y intéresse quand on sait que selon le ***rapport Doing Business de 2012*** (p83), qui a précédé la révision de l'Acte Uniforme portant des Procédures Collectives d'Apurement du Passif :

« Les économies les plus performantes se distinguent par des procédures rapides et peu onéreuses et par la poursuite des activités des entreprises viables. Dans ces économies, il existe de plus fortes chances de voir **les entreprises restructurées tout en maintenant leurs activités plutôt que liquidées via le démantèlement de leurs différents actif**s. Le rapport va même plus loin en précisant que : « *D'autres études ont montré que la réforme des régimes d'insolvabilité peut aider une économie à se remettre plus rapidement d'une récession, comme cela a été le cas au Chili et en Colombie* » (Cf. p82). Les situations post-Pandémie s'y prêteraient bien.

Toujours selon la Banque mondiale (*Doing Business 2012, p. 83)*,

En dépit des efforts de coopération régionale déployés sous l'égide de l'OHADA, l'Afrique subsaharienne manque d'expérience en matière de solutionnement de l'insolvabilité. La région compte la plus importante proportion d'économies ne disposant pas, ou peu, de pratique en matière de faillites. Ainsi, 7 des 46 économies de la région, dont 3 parmi les Etats membres de l'OHADA, n'ont enregistré aucun cas de faillite au cours des 5 dernières années (nous sommes en 2012). (...)

Les coûts de fermeture d'une entreprise dans les Etats membres de l'OHADA s'élèvent à 25 % de la valeur des biens du débiteur, les délais moyens sont de 3,75 ans, et le taux de créance recouvrée est d'environ 20 % du montant des créances.

2. L'énumération des activités - soumises à un régime particulier - faite dans le présent article, à travers le concept « *notamment* », démontre que la liste n'est pas exhaustive.

C'est en cela qu'il est aisé de se tourner également vers les dispositions des paragraphes 1 & 2 de la partie A de l'annexe I du Règlement Sanitaire International RSI (2005) qui disposent que :

1. *Les Etats Parties utilisent les **structures et ressources nationales existantes** en vue de se doter des principales capacités requises en vertu du présent Règlement pour s'acquitter notamment :*

   a. *De leurs activités de surveillance, de déclaration, de notification, de vérification, d'action et de collaboration, et b. De leurs activités concernant les aéroports, ports et postes-frontières désignés.*

2. *<u>Chaque Etat Partie évalue, dans les deux ans</u> qui suivent l'entrée en vigueur du présent Règlement à l'égard de l'Etat Partie, l**<u>a capacité de structures et ressources nationales existantes</u>** à satisfaire aux prescriptions minimales de la présente annexe. A la suite de cette évaluation, les Etats Parties élaborent et appliquent des plans d'action pour que les principales capacités soient présentes et fonctionnent sur tout leur territoire comme il est stipulé au paragraphe 1 de l'article 5 et au paragraphe 1 de l'article 13.*

Selon le RSI (2005) - rappelons–le, *dont l'objet et la portée consistent à prévenir la propagation internationale des maladies, à s'en protéger, à la maîtriser et à y réagir par une action de santé publique proportionnée et limitée aux risques qu'elle présente pour la santé publique, en évitant de créer des entraves inutiles au trafic et au commerce internationaux (article 2 RSI (2005)* – les Etats Parties ont l'obligation :

- D'utiliser les ***structures et ressources nationales existantes*** pour s'acquitter des obligations qui découlent du RSI (2005) :

De même, dans les deux (2) ans qui suivent l'entrée en vigueur du RSI (2005) à l'égard d'un Etat Partie. Obligation est faite à ce dernier d'opérer **l'ÉVALUATION** de *l**<u>a capacité de structures et ressources nationales existantes</u>** à satisfaire aux prescriptions minimales détaillées à l'annexe I du RSI (2005).*

A la lecture de ce qui a été susmentionné, il ressort de la lettre et de l'esprit du RSI (2005) un réel souci de **protection** des acquis (patrimoniaux) nationaux existants. RIEN NE DOIT DISPARAITRE, peut-on comprendre par là.

Et pour ce faire, une EVALUATION de ses acquis est faite dans les deux (2) ans qui suivent l'entrée en vigueur du RSI (2005) à l'égard de cet Etat Partie. *Evaluation* qui permettrait de faire l'état des entreprises viables et non viables, des entreprises en état cessation de paiement et celles ayant une bonne santé financière etc. Ce type de procédé nous rapproche inexorablement du traitement du sort des entreprises en droit commun et notamment des procédures collectives d'apurement du passif.

Chose encore plus intéressante, ce souci de protection[81] apparaît à plusieurs reprises dans le Règlement et notamment au paragraphe 1 du point 5 du Préambule du Règlement à travers lequel l'Assemblée Mondial de la Santé (AMS) INVITE INSTAMMENT les Etats Membres : à ***acquérir, renforcer et maintenir les*** capacités requises en vertu du Règlement sanitaire international (2005) et à mobiliser les ressources nécessaires à cette fin. [Voir Les paragraphes 1 des articles 5& 13 RSI (2005) ; paragraphes 1,3&4 du Point 5 du préambule du RSI (2005) ; para. 6 Point 6 préambule RSI (2005) ; article 44 1(b) et 2 (c) etc.].

Le rejet du droit commun. Au regard de ce qui a été susmentionné, le RSI (2005) révèle le souci de faire échapper les structures et ressources nationales, en vue de se doter des principales capacités requises pour la protection contre les Pandémies (par exemple le Covid -19), au droit commun des procédures collectives, du moins dans la globalité de ses dispositions. On peut y déceler non seulement le souci de protéger les ressources humaines et financières (épargne) mais aussi la protection d'importantes infrastructures pérennes et en difficulté requises notamment les aéroports, ports, industries pharmaceutiques, hôpitaux … (pour ne citer que cela) aux quelles le droit commun est inadapté.

Il y a lieu de voir en cet instrument du RSI (2005), un outil de traitement du sort des structures et ressources nationales existantes du secteur ou du domaine d'activités visé par le RSI (2005), notamment celui de la Santé en général et du régime de la lutte contre la propagation internationale des maladies en particulier.

C'est dire ici que le sort de toute entreprise morale de droit privé ainsi que toute entreprise publique ayant la forme d'une personne morale de droit privé, qui exerce une activité soumise au régime particulier de la Santé et par voie de conséquence du régime mondial de lutte contre la propagation internationale des maladies, est régie par le Règlement sanitaire international (2005).

Intérêt porté à toutes les structures nationales. Par ailleurs, comme nous l'avons signalé plus haut, le RSI (2005) organise un traitement des acquis axé essentiellement sur la protection des structures et ressources nationales existantes. Ainsi, par voie de conséquence : les structures (édifices, entreprises et autres) sont quantifiées et maintenues dans

[81]Les paragraphes 1 des articles 5& 13 RSI (2005) ; paragraphes 1,3&4 du Point 5 du préambule du RSI (2005) ; para. 6 Point 6 préambule RSI (2005).

l'optique de préserver ce qui existe déjà : on peut y inclure : **les structures saines et les structures en difficulté**. Pour les structures saines, cela ne pose aucun problème de prime abord. Mais pour les structures qui connaissent des difficultés, il y a lieu de s'interroger sur le sort qui leur est réservé cela la loi. Et le RSI (2005) ne fait aucune distinction quant au traitement à réserver à ces structures. Il précise juste avec force et insistance que « Les Etats Membres doivent ***acquérir, renforcer et maintenir les*** capacités requises en vertu du Règlement sanitaire international (2005) et à mobiliser les ressources nécessaires à cette fin. [Voir Les paragraphes 1 des articles 5& 13 RSI (2005) ; paragraphes 1,3&4 du Point 5 du préambule du RSI (2005) ; para. 6 Point 6 préambule RSI (2005) ; article 44 1(b) et 2 (c) etc.].

<u>Mobilisation des ressources ou la question du financement</u>. La mobilisation de toutes les ressources nationales au fin de lutte contre les pandémies est l'une des principales prérogatives que s'assigne le législateur RSI (2005) (Préambule point 5. 1 point 6.6, article 44.1.c & 44.2.c (…)). On peut légitimement croire qu'il s'agit des ressources humaines et financières. Toutefois, il y a lieu de constater que les alinéas 1-c) et 2-c de l'article 44 RSI (2005) déterminent de manière précise les « ***ressources financières*** ». Elles disposent à cet effet que :
1.Les Etats Parties s'engagent à collaborer entre eux, dans la mesure du possible, pour :

c. Mobiliser des ressources financières pour faciliter l'application de leurs obligations au titre du présent Règlement (...).

2. L'OMS collabore, dans la mesure du possible avec les Etats Parties pour :

c) mobiliser des ressources financières qui aideront les pays en développement à acquérir, renforcer et maintenir les capacités prévues à l'annexe 1.

Le financement est un **élément central** de la procédure organisée par le RSI (2005). Avec le concours de l'OMS comme partenaire financier privilégié et des Etats Parties qui, à cet effet, apportent les fonds nécessaires à sa réalisation.

Le terme « *financement* » renvoie à l'action de procurer des capitaux aux entreprises et aux particulier sous forme de prêts ; d'ouverture de crédit ou autre « *montage* » financier, surtout pratiquée à titre professionnel par les organismes spécialisés (sociétés de financement)[82]. Dans le cadre du RSI (2005) il s'agit donc des différents concours financiers de l'OMS et des Etats Parties.

La procédure dite de « Redressement » organisée par le RSI se caractérise par le souci de « soutenir » les pays en développement dans la mise en œuvre de leurs obligations découlant du RSI. La plupart d'entre eux connaissant de réelles difficultés sociaux économiques (problèmes de plateaux techniques ; absence ou difficulté d'implantation d'industrie pharmaceutique ; pauvreté ambiante etc.). A cela, viendront s'ajouter les exigences pour se prémunir des Pandémies.

Il est admis en droit commun des procédures collectives d'apurement du passif[83] que le **financemen**t ne serait possible que dans les seules procédures de conciliation, de règlement préventif et de redressement. Les entreprises en liquidation des biens étant en situation irrémédiablement compromise sont insusceptibles de redressement.

Ainsi, à y voir de plus près, le RSI (2005) s'aligne sous un régime efficace de solutionnement de l'insolvabilité *(Banque mondiale, Doing Business, 2012, p 82)* qui joue un rôle important en ce qu'il permet de sauver les entreprises viables en facilitant leur restructuration, notamment en temps de crise. Ce dernier aspect contribue à préserver les richesses au sein de l'économie, notamment en assurant non seulement la conservation des emplois et la continuité de la chaîne d'approvisionnement industrielle mais aussi en contribuant à la construction d'un bloc solide de protection contre les Pandémies.

---

[82] CORNU (G)., *Vocabulaire juridique*, Association Henri Capitant, PUF, 9e éd., 22 août 2011, p 458.

[83] La situation des entreprises en difficulté a été l'une des préoccupations majeures du législateur de l'Organisation pour l'Harmonisation en Afrique du Droit des Affaires (OHADA) qui s'est évertué à traiter du droit des entreprises en difficulté dans l'Acte Uniforme portant organisation des procédures collectives d'apurement du passif adopté le 10 avril 1998, entré en vigueur le 1er janvier 1999 et révisé le 10 septembre 2015. Dans ce nouveau texte, le législateur africain a mis en exergue quatre (4) types de procédures collectives, deux (2) préventives : la conciliation et le règlement préventif et deux curatives : le redressement judiciaire et la liquidation des biens. Si la conciliation, le règlement préventif et le redressement judiciaire ne surviennent qu'à l'égard des entreprises qui ont des chances de survie, la liquidation des biens n'est prononcée que lorsque l'entreprise est dans une situation désespérer entrainant de ce fait sa mort certaine.

B. Le rapprochement entre la procédure de « redressement » de droit commun et la procédure visée par le RSI (2005)

Selon les dispositions des paragraphes 1, 2 et 3 de la partie A de l'annexe 1 du RSI (2005) :

1. ***Les Etats Parties utilisent les structures et ressources nationales existantes en vue de se doter des principales capacités requises en vertu du présent Règlement pour s'acquitter notamment :***

a) ***de leurs activités de surveillance, de déclaration, de notification, de vérification, d'action et de collaboration ; et***

b) ***de leurs activités concernant les aéroports, ports et postes-frontières désignés.***

2. ***Chaque Etat Partie évalue, dans les deux ans qui suivent l'entrée en vigueur du présent Règlement à l'égard de cet Etat Partie, la capacité des structures et ressources nationales existantes à satisfaire aux prescriptions minimales de la présente annexe. A la suite de cette évaluation, les Etats Parties élaborent et appliquent des plans d'action pour que ces principales capacités soient présentes et fonctionnent sur tout le territoire comme il est stipulé au paragraphe 1 de l'article 5 et au paragraphe 1 de l'article 13.***
3. ***Les Etats Parties et l'OMS soutiennent sur demande les processus d'évaluation, de planification et de mise en œuvre prévus par la présente annexe.***

*Le législateur du RSI (2005) ne distingue pas les entreprises viables de celles en difficulté ; les entreprises du secteur public de celles du secteur privé. Le texte fait référence aux *« structures et ressources nationales existantes »* : ce qui n'exclut aucune **entité nationale**[84] présente sur le territoire de l'Etat concerné.

---

[84] On peut citer ici les personnes morales de droit privé, les entreprises publiques ayant la forme d'une personne morale de droit privé. Au Cameroun, avec la loi N°2017/011 du 12 juillet 2017 portant statut général des entreprises publiques, l'article 2 distingue ici : la **Société à Capital Public** et la **Société d'Economie Mixte.**

La société d'Economie Mixte : est une personne morale de droit privé, dotée de l'autonomie financière et d'un capital d'actions détenu **majoritairement** par l'Etat, une ou plusieurs entreprises publiques ou une ou plusieurs Collectivités Territoriales Décentralisées.

Société à Capital Public : personne morale de droit privé, dotée de l'autonomie financière et d'un capital d'actions **intégralement** détenu par l'Etat, une ou plusieurs entreprises publiques ou une ou plusieurs Collectivités Territoriales Décentralisées, créée en vue de l'exécution, dans l'intérêt général, des activités présentant un caractère industriel, commercial et financier.

Or, force est de constater qu'en temps de crise sanitaire, l'Etat est souvent amené à utiliser ou requérir les services de, outre les structures du domaine exclusif de la santé publique, certaines structures privées et publiques d'autres secteurs d'activités. On pourrait citer de manière exhaustive : les ports, aéroports, les grandes surfaces publiques et privés, édifices etc.

Ainsi donc, le RSI (2005) prescrit que deux ans après l'entrée en vigueur du RSI (2005) pour un Etat X concerné, ce dernier doit avoir évaluer la capacité des structures et ressources nationales existantes à satisfaire aux prescriptions minimales de la présente annexe (para. 2 de la Partie A de l'annexe 1). En pratique, on pourrait croire que l'Etat Partie dans cette mission d'évaluation sera amené à requérir les informations sur la viabilité ou non, les capacités de certaines structures auprès d'entités compétentes

(Au Cameroun, on pourrait faire appel aux tribunaux, au Comité de réhabilitation des entreprises, au Comité technique de privatisation et de liquidation etc.).

*Par ailleurs, le préambule du RSI en son point 6 alinéa 6 l'OMS PRIE le Directeur général :

> *de collaborer avec les Etas Parties dans la mesure du possible à la **mobilisation de ressources financières** afin d'apporter un soutien aux pays en développement en vue de l'acquisition, du renforcement et du maintien des capacités requises en vertu du Règlement sanitaire international.*

La mobilisation des ressources financières nécessaires à l'acquisition, au renforcement et au maintien des capacités requises en vertu du RSI est un appui offert par l'OMS sans condition qui permet à ceux des Etats aux entreprises dépourvus de ressources nécessaires ou en difficultés, la possibilité de se faire accompagner et **d'être redressées** par l'OMS. On retrouve, dans les points 5 & 6 du Préambule du RSI (2005), des paragraphes 1, 2, 3 du point A de l'annexe 1, des article 5, 13, 44 et suivants RSI (2005), les dispositions qui contiennent tous les éléments nécessaires d'un projet de concordat de redressement judiciaire tel que prévu à **l'article 27** de l'Acte Uniforme portant procédures collectives d'apurement du passif (AUPCAP) qui dispose *in extenso* :

Entreprise publique est une unité économique dotée d'une autonomie juridique et financière, exerçant une activité industrielle et commerciale, et dont le capital social est détenu entièrement ou majoritairement par une personne morale de droit public.

En même temps que la déclaration prévue par l'article 25 ci-dessus ou, au plus tard dans les soixante (60) jours qui suivent la décision d'ouverture du redressement judiciaire, le débiteur doit déposer un projet de concordat. Ledit projet doit démontrer ***les perspectives de redressement*** *de l'entreprise débitrice en fonction des possibilités et des modalités d'activités, de l'état du marché et des* ***moyens de financement disponibles*** *et doit également préciser les mesures et conditions envisagées pour son redressement, notamment :*

- ***Les éléments permettant d'établir la viabilité financière et économique*** *de l'entreprise débitrice ;*
- ***Les modalités de continuation de l'entreprise****, telles que la demande ou l'octroi de délais et de remises ; la cession partielle d'actif avec indication précise des biens à céder ; la cession ou la location-gérance de la totalité ou d'une partie de l'entreprise, sans que ces modalités soient limitatives et exclusives les unes des autres ;*
- *Les noms, prénoms, qualités et adresses des personnes tenues d'exécuter le concordat et l'ensemble des engagements souscrits par elles et nécessaire au redressement de l'entreprise ;*
- ***Les modalités du maintien et du financement de l'entreprise,*** *du règlement du passif né antérieurement à la décision d'ouverture ainsi que, s'il y a lieu, les garanties fournies pour en assurer l'exécution ; ces engagements et garanties peuvent consister, notamment, en la souscription d'une augmentation du capital social par les anciens associés ou par de nouveaux, une conversion de créances en capital, l'ouverture de crédits par des établissements bancaires ou financiers ou par toute autre personne, y compris tout nouvel apport en trésorerie ou sou forme de nouveau bien et service dans les conditions de l'article 33-1 ci-dessous ainsi que le montant de l'apport ou la valeur du bien ou du service ; la poursuite de l'exécution des contrats conclus antérieurement à la décision d'ouverture, la fourniture d cautions ;*
- *Le niveau et les perspectives d'emploi, ainsi que les licenciements pour motif économique qui doivent intervenir dans les conditions prévues par les articles 110 et 111 ci-dessous ;*
- *Le remplacement de dirigeants.*

Le projet de concordat de redressement judiciaire peut établir un traitement différencié entre les créanciers si les différences de situation le justifient.

Non plus une mais des entreprises. Contrairement à l'AUPCAP, le RSI (2005) traite non pas du sort d'une entreprise mais d'un ensemble d'entreprises situées sur le territoire d'un Etat donné et susceptible d'être utile dans la mise en œuvre des capacités minimales requises par le RSI (2005).

Schémas de financement proposés par le RSI (2005).

Financement international. Le financement des entreprises en difficulté se confond au redressement de ces dernières.
S'il est une chose qui compte réellement dans une procédure de redressement c'est « ***trouver le financement*** » suffisant et adéquat pour restructurer l'entreprise et apurer les dettes. En pratique, les établissements bancaires ou financiers sont frileux à l'ouverture de crédits pour accompagner les procédures de redressement. C'est en cela qu'il est intéressant de requérir aux prescriptions faites par le RSI (2005) qui met un point d'honneur à cet aspect et va au-delà en proposant des schémas de financement notamment,

1.

Dans le préambule du RSI en son point 6 alinéa 6 l'OMS PRIE le Directeur général :

> *de collaborer avec les Etas Parties dans la mesure du possible à la* ***mobilisation de ressources financières*** *afin d'apporter un soutien aux pays en développement en vue de l'acquisition, du renforcement et du maintien des capacités requises en vertu du Règlement sanitaire international.*

2.

Article 44

1. *Les Etats Parties s'engagent à collaborer entre eux, dans la mesure du possible, pour :*

c) *Mobiliser des ressources financières pour faciliter l'application de leurs obligations au titre du présent Règlement.*

2. *L'OMS collabore, dans la mesure du possible, avec les Etats Parties pour :*

c) *mobiliser des ressources financières qui aideront les pays en développement à acquérir, renforcer et maintenir les capacités prévues à l'annexe 1.*

-

Le RSI (2005) a ceci de particulier qu'il met en place un régime de solutionnement dont l'objectif prioritaire est de sauver les entreprises viables en facilitant leur restructuration, notamment en temps de crise. Ce dernier aspect contribue à préserver les richesses au sein de l'économie, notamment en assurant la conservation des emplois et la continuité de la chaine d'approvisionnement industrielle.
Le responsable désigné du financement. Contrairement à l'AUPCAP, le RSI (2005) désigne nommément le « responsable » du financement des entreprises concernées : **l'OMS.**

Autres **perspectives de redressement** de l'entreprise. Le RSI (2005)
Article 13.

3. *A la demande d'un Etat Partie, l'OMS collabore à l'****action*** *en cas de risque pour la santé publique et d'autres événements en fournissant des* ***conseils et une assistance techniques*** *et* ***en évaluant l'efficacité des mesures de lutte*** *mises en place, y compris, le cas échéant,* ***en mobilisant des équipes internationales d'experts*** *pour prêtre assistance sur place*

Toujours sous la supervision de l'OMS, le redressement tel qu'envisagé par le RSI (2005) est hautement technique. Toujours dans l'unique but de maintenir le tissu économique et les entreprises désignées.
Article 13

4. *Si l'OMS, en consultation avec les Etat Parties concernés conformément à l'article 12, établit qu'il existe une urgence de santé publique de portée internationale, elle peut offrir, outre le soutien indiqué au paragraphe 3 du présent article, une assistance supplémentaire à l'Etat Partie, et notamment une évaluation de la gravité du risque internationale et de l'adéquation des mesures de lutte. Elle peut, au titre de cette collaboration, offrir de mobiliser une* ***assistance internationale afin d'aider les autorités nationales*** *à conduire et coordonner les évaluations sur place. A la demande de l'Etat Partie, l'OMS communique des informations à l'appui de cette offre.*

L'**assistance et la collaboration** qu'offrent l'OMS visent - comme nous le constaterons plus en détail dans les lignes suivantes – à renforcer les techniques qui facilitent le **redressement**.
Similitudes dans les procédures. Comme nous le verrons plus en détail dans les différentes procédures de redressement du RSI (2005). On pourra constater que les étapes, à respecter dans la procédure de redressement de droit commun, sont à l'analyse les mêmes. A titre illustratif, ***la « période suspecte »***, celle-là qui court du jour de la cessation de paiement au jour du jugement d'ouverture. Bien que le Règlement ne fasse aucune mention de cette notion. A l'analyse, on constate bien que les ***paragraphes 2***[85] ***des articles 5 &13*** RSI (2005)

[85]Paragraphes 2 des articles 5 &13 RSI (2005) : *« A la suite de l'évaluation visée au paragraphe 2 de la partie A de l'annexe 1, un Etat Partie peut rendre compte à l'OMS en invoquant un besoin justifié et un plan d'action et, ce faisant obtenir un délai supplémentaire*

font référence à une période qui suit l'évaluation visée au paragraphe 2 de la partie A de l'annexe 1, pendant laquelle l'OMS – déjà au fait de la situation de certaines entreprises – mais laisse le soin à l'Etat Partie d'agir. Cette période précède la décision du Directeur général.

C. L'Organisation de la procédure

La procédure de « redressement » qu'on pourrait qualifier de simplifiée du RSI s'organise essentiellement autour des articles 5.2 et 13.2 du RSI (2005) et du paragraphe 2 de la partie A de l'annexe I du RSI (2005) (qui fait partie intégrante du RSI).

1. Déclenchement ou Ouverture de la procédure

1.1. Conditions d'ouverture

Conformément au paragraphe 2 de la partie A. de l'annexe I du RSI (2005) :

> *Chaque Etat Partie évalue, dans les deux (2) ans qui suivent l'entrée en vigueur du présent Règlement à l'égard de cet Etat, **la capacité des structures et ressources nationales existantes** à satisfaire aux prescriptions minimales de la présente annexe.*

- **L'évaluation**

L'évaluation est la principale condition d'ouverture de la procédure collective d'apurement du RSI (2005). Elle se fait au moyen de l'**instrument de décision** présent à l'annexe 2 du Règlement.
Il est loisible de constater que le Règlement est entré en vigueur le 15 juin 2007 pour l'ensemble des Etats de l'Afrique Centrale (Cameroun, Congo, Gabon, Guinée Equatoriale, République centrafricaine & Tchad).

- **Le but de l'évaluation.**

L'évaluation permet d'apprécier si l'Etat Partie concerné aurait ou serait en mesure de remplir l'obligation qui l'incombe aux termes du

---

de deux ans pour remplir l'obligation qui lui incombe aux termes du paragraphe 1 du présent article. Dans des circonstances exceptionnelles et en faisant valoir un nouveau plan d'action, l'Etat Partie peut demander que le délai soit encore prolongé de deux ans au maximum au Directeur Général, qui prend la décision en tenant compte de l'avis technique du Comité d'examen. ».

paragraphe 1 de l'article 5 (RSI (2005) *(voir aussi paraphe 1 de l'article 13)* :

> *1. Chaque Etat Partie* ***acquiert, renforce et maintient****, dès que possible mais au plus tard dans les cinq ans suivant l'entrée en vigueur du présent Règlement à l'égard de cet Etat Partie, la capacité de détecter, d'évaluer, de notifier et de déclarer des évènements en application du présent Règlement, comme indiqué à l'annexe 1.*

L'obligation visée au paragraphe 1 de l'article 5 RSI (2005) appelle quelques commentaires :

- Il est requis de l'Etat Partie concerné de procéder à un certain nombre de formalités - ***dès que possible ou au plus tard dans les cinq ans suivant l'entrée en vigueur du présent Règlement à l'égard de cet Etat Partie***. L'expression linguistique *« Dès que possible »* renverrait à une sorte d'***Eveil*** de l'Etat Partie concerné – compte tenu du respect dans le système international du droit souverain des Etats. L'Etat Partie garde donc le privilège de l'opportunité – avant le délai de cinq (5) ans suivant l'entrée en vigueur du Règlement - de mettre en mouvement les mesures visant à remplir son obligation.
- Pendant ce délai de cinq (5) ans, l'Etat partie concerné entre dans un processus intérieur de « reconstruction », de « redressement » de l'existant soit par :
    i. Acquisition (si les capacités requises viennent à manquer) ;
    ii. Renforcement (si des éléments de faiblesse apparaissent ou sont visibles) ;
    iii. Maintien (on préserve ce qui existe déjà. Ici, ***tout idée de destruction est exclue***.
- Les capacités requises – **détecter, évaluer, notifier et déclarer** - ne peuvent être acquises si l'Etat Partie procède selon le schéma susvisé.

S'il est admis que la **norme** est la signification d'un acte de volonté réglant le comportement d'autrui[86], alors selon la norme valide du paragraphe 1 de l'article 5 RSI (2005) *(voir aussi paraphe 1 de l'article 13)* : ***« Chaque Etat Partie acquiert, renforce et maintient****, dès que possible mais au plus tard dans les cinq ans suivant l'entrée en vigueur*

[86] H. Kelsen, P 218.

du présent Règlement à l'égard de cet Etat Partie, ***la capacité de détecter, d'évaluer, de notifier et de déclarer*** *des évènements en application du présent Règlement, comme indiqué à l'annexe* 1 », le législateur attend de chaque Etat Partie dans un laps de temps bien déterminé – soit cinq (05) ans – qu'il possède les capacités bien déterminés – détecter, évaluer, notifier et déclarer des événements.

- **Les effets de l'évaluation**.

Les effets qui découlent de l'évaluation sont :

- *La prorogation de délai liée à la* ***période dite suspecte*** *– que nous développerons plus en détail dans la procédure de redressement pour USPPI.*
- *L'intervention de nouveaux organes dans la procédure.*

Les conséquences de l'évaluation. Après la période prévue au paragraphe 1 de l'article 5 RSI (2005) *(voir aussi paraphe 1 de l'article 13 RSI (2005))* – soit cinq ans suivant l'entrée en vigueur du Règlement à l'égard d'un Etat Partie concerné – l'Etat Partie qui a obtenu un délai supplémentaire **rend compte tous les ans à l'OMS** des progrès accomplis dans la mise en œuvre complète.

1.2. Délai de l'évaluation

Conformément au paragraphe 2 de la partie A de l'annexe I RSI (2005), **l'évaluation se fait dans les deux (02) ans** qui suivent l'entrée en vigueur du Règlement à l'égard de cet Etat Partie.
A la suite de cette évaluation, les Etats Parties élaborent et appliquent d**es plans d'action** pour que les principales capacités soient présentes et fonctionnent sur le territoire : c'est l'hypothèse normal.
Mais il peut arriver que des difficultés surviennent pour un Etat Partie d'honorer à ses obligations au titre du règlement. On dit dans le jargon usuel qu'il est en difficulté. Alors l'Etat concerné peut soit saisir l'OMS soit son Directeur Général.
Prorogation des délais. Compte tenu des difficultés – de diverses ordres - auxquelles peuvent être soumises les Etats notamment les écarts Nord/Sud, les crises etc. il leur est recommandé conformément aux dispositions pertinentes du paragraphe 2 de l'article 5 RSI (2005) *(voir aussi paraphe 2 de l'article 13 RSI (2005)*, l'usage d'autres procédés en fonction des situations :

- ***En situation normale*** **:** A la suite de l'évaluation visée au paragraphe 2 de la Partie A de l'annexe 1, un Etat Partie peut rendre compte à l'OMS en invoquant un besoin justifié et un plan d'action, et ce faisant obtenir un délai supplémentaire de deux ans pour remplir l'obligation qui lui incombe aux termes du paragraphe 1 du présent article.

2. ***Dans des circonstances exceptionnelles*** **:** et faisant valoir un nouveau plan d'action, l'Etat Partie peut demander que le délai soit encore prolongé de deux (02) ans au maximum au Directeur général, qui se prononce en tenant compte de l'avis technique du Comité d'examen.

2. Modalités procédurales de la procédure de redressement visée par le RSI

Selon les hypothèses, L'Etat concerné sera amené à saisir soit l'OMS, soit son Directeur Général.

2.1. La saisine de l'OMS

Conformément aux dispositions 5.2 & 13.2 du RSI (2005), à la suite de l'évaluation visée au paragraphe 2 de la partie A de l'annexe 1 susvisé, L'Etat concerné peut rendre compte à l'OMS en invoquant un **besoin justifié** et un **plan d'action.**

- **Formalité, règle de saisine**

a. La notification.

L'OMS est saisi par **notification** faite par l'Etat concerné, par l'**intermédiaire du point focal national RSI,** et dans les 24 heures suivant **l'évaluation** des informations de santé publique reçues, et tout évènement survenu sur son territoire pouvant constituer une urgence de santé publique de portée international au regard de l'instrument de décision, de toute mesure sanitaire prise pour faire face aux évènement survenu sur son territoire(article 6[87] RSI).

[87] Art. 6 Notification (RSI 2005):

1. Chaque Etat Partie évalue les évènements qui surviennent sur son territoire au moyen de l'instrument de décision présenté à l'annexe 2. Chaque Etat Partie notifie à l'OMS, par les moyens de communication les plus efficaces dont il dispose, par l'intermédiaire du point focal

Exception. Selon l'article 8 (RSI), dans le cas où se produisent sur son territoire des évènements n'exigeant pas la notification prévue à l'article 6, en particulier des événements pour lesquels il ne dispose pas de suffisamment d'informations pour utiliser l'instrument de décision l'instrument de décision, l'Etat Partie concerné peut néanmoins en tenir informer l'OMS **par l'intermédiaire de son point focal national RSI**, et **consulter** l'OMS à propos des mesures sanitaires à prendre.
De même que selon l'article 9, l'OMS peut tenir compte de **rapports** émanant de sources autres que les notifications (art. 6) ou les consultations (art. 8).

Formalités procédurales. La notification devra comporter outre l'évaluation (faite conformément à l'instrument de décision de l'annexe 2 du RSI (2005), les éléments suivants :

- Preuve d'un besoin justifié
- Un plan d'action.

Le plan d'action. Assimilable à un *plan de redressement* dans les procédures de droit commun, il sera amplement expliqué dans la procédure de redressement pour USSPI pour éviter de se répéter.

b. **Issue de la procédure**.

L'Etat concerné obtiendra à cet effet un délai supplémentaire de deux (2) ans.

Donc : Evaluation + (besoin justifié + plan d'action)

---

national RSI et dans les 24 heures suivant l'évaluation des informations de santé publique, tout évènement survenu sur son territoire pouvant constituer une urgence de santé publique de portée international au regard de l'instrument de décision, ainsi que toute mesure sanitaire prise pour faire face à ces évènements. Si la notification reçue par l'OMS touche à la compétence de l'Agence internationale de l'Energie atomique (AIEA), l'OMS en informe immédiatement AIEA.
2. Après une notification, l'Etat Partie continue de communiquer en temps voulu à l'OMS les informations de santé publiques exactes et suffisamment détaillées dont il dispose, si possible y compris la définition exacte des cas, les résultats de laboratoire, la source et le type de risque, le nombre des cas et des décès, les facteurs influant sur la propagation de la maladie et les mesures sanitaires utilisées ; et indique, si nécessaire, les difficultés rencontrées et **l'aide dont il a besoin pour faire face** à l'éventuelle urgence de santé publique de portée internationale.

2.2. La saisine du Directeur Général

Dans des circonstances exceptionnelles et faisant valoir un **nouveau plan d'action**, l'Etat peut demander que le délai soit **encore** prolongé de deux (2 ans) au maximum au Directeur Général, qui se prononce en tenant compte de l'avis technique du **Comité d'Examen**.

a. Formalité de saisine

La Déclaration[88] de l'Etat concerné.

Si l'on se réfère aux dispositions de **l'article 59 alinéa 3** du RSI qui dispose :

> ***Si un Etat est dans l'incapacité d'ajuster des dispositions législatives et administratives nationales dans le délai prévu au paragraphe 2 du présent article pour les mettre en pleine conformité avec le présent Règlement, il adresse au Directeur Général dans le délai spécifié au paragraphe 1 du présent article une déclaration concernant les ajustements qui restent à apporter et procède auxdits ajustements.***

Alors, il convient de relever qu'il s'agit pour l'Etat Partie concerné, à la suite de l'évaluation visé au paragraphe 2 de la partie A de l'annexe I, de faire une **déclaration** sous la forme d'un compte-rendu à l'OMS, en invoquant un besoin justifié et un plan d'action.

- *On peut donc conclure que conformément à l'article 59 alinéa 3 RSI (2005) et aux usages tirés des pages 75-80 du RSI (2005) que la saisine du Directeur Général de l'OMS se fait par Déclaration*

Il peut arriver que le délai supplémentaire accordée par l'OMS n'ait pas permis à l'Etat concerné de remplir ses engagements au titre du Présent Règlement. Le RSI (Art 5.2 & 13.2) accorde la possibilité à L'Etat concerné se saisir non plus l'OMS, mais son Directeur Général.

---

[88] En droit commun des procédure collective (OHADA) A propos de la Déclaration du débiteur : Il ne s'agit pas d'une procédure facultative, puisque le débiteur qui est en état de cessation des paiements, doit le déclarer dans les 30 jours qui suivent la cessation des paiements et déposée au greffe de la juridiction compétente, en sollicitant l'ouverture d'un redressement ou d'une liquidation judiciaire. Parce que cette procédure revêt un caractère obligatoire

Pour ce faire les conditions suivantes doivent être remplies :

- **La survenance de « circonstances exceptionnelles » ;**
- **Fournir un « nouveau » plan d'action**. L'ancien Plan d'action s'étant révélé inefficace ou inadaptée.

b. Spécificité de cette procédure.

Dans le cadre de la saisine du Directeur Général, il est fait obligation à ce dernier, de se prononcer en tenant compte de **l'avis technique du Comité d'Examen.**

Le Comité d'Examen. Il devient donc par ce biais un acteur clé dans ladite procédure. Parmi les fonctions qui lui sont reconnues, le Comité d'examen est chargé de « donner des avis techniques au Directeur général sur toute question dont il est saisi par celui-ci concernant le fonctionnement du Présent Règlement ». *(Art. 50 alinéa 3 RSI (2005).*
L'avis technique du Comité d'Examen conditionne donc la décision du Directeur Général d'octroyer ou non un délai supplémentaire en cas de **« circonstances exceptionnelles »**.

c. Déclaration de l'Etat concerné

La saisine se fait comme pour le cas précédent par Déclaration.

d. Issue de la procédure.

Le Directeur Général rend sa décision d'octroi ou non d'un délai supplémentaire de deux (2) ans au maximum en tenant compte de l'avis technique du **Comité d'Examen**.
L'Etat concerné obtiendra à cet effet un **délai supplémentaire de deux (2) ans**.
Donc :

Evaluation + [(besoin justifié + plan d'action) + (circonstances exceptionnelles + plan d'action)] = 2 ans supplémentaires maximum.

3. Effets de la décision
3.1. A l'égard de l'Etat Partie concerné

- L'arrêt de toute procédure visant la destruction, la liquidation, la fin de toute structure et ressource nationales existantes susceptibles de servir à permettre à l'Etat Partie concerné de se doter des principales capacités requises par le Règlement [89].
- L'ouverture de la procédure collective entraîne une **assistance** de l'Etat concerné par l'OMS (art 5 al 2 et 13 al.2). Cette assistance peut être temporaire ou permanente. (NOTE 2)
- **L'assistance est temporaire** en cas de besoin justifié et/ou en cas de circonstances exceptionnelles.
  Elle a une durée de deux (02) an dans l'un ou l'autre cas susvisé.
- **L'assistance permanente (tous les ans)** : Cette assistance devient permanente dans le cadre de la surveillance des progrès accomplis dans le cadre de la mise en œuvres du RSI par l'Etat concerné ;
  Toutefois, il est à relever que l'assistance de l'OMS (quelle que soit la forme : aide, etc...) doit découler de la manifestation d'intérêt de l'Etat concerné.
- L'Etat Partie concerné est tenu d'**appliquer** son « **plan d'action** » ;
- Après la période de 5 ans suivant l'entrée en vigueur du Règlement à l'égard d'un Etat qui a obtenu un délai supplémentaire rend compte tous les ans à l'OMS des progrès accomplis dans la mise en œuvre complète.

3.2. A l'Egard de l'OMS

L'ouverture de la procédure de redressement qui découle du Règlement entraîne :

- L'OMS joue son rôle de coordonnateur ;
- la mise en mouvement des actions d'aide, de collaboration et d'assistance (technique et de l'OMS (sous réserve de la manifestation d'intérêt de l'Etat concerné) (pour l'acquisition,

[89] Au Cameroun, la dernière pandémie à Coronavirus a mise à contribution bon nombre d'établissements de différents secteurs d'activités. Outre les entités relevant du domaine de la santé- qui furent les premières sollicitées – les magasins, les logements sociaux (Olembé à Yaoundé – Mbanga Bakoko à Douala), les aéroports etc pour ne citer que ces cas.

le renforcement et le maintien des capacités visées (art. 13.3&4 RSI (2005) ;
- L'OMS fournit et mobilise une assistance (technique & internationale) aux Etats concernés.

3.3. Illustration

Déclaration au titre de l'article 59, paragraphe 3, du RSI

TONGA

Adopté par l'Assemblée mondiale de la Santé en mai 2005, le Règlement sanitaire international (2005) [RSI (2005)] entrera en vigueur le 15 juin 2007.

Le Royaume des Tonga soutient l'importante contribution que le RSI (2005) apportera au renforcement des systèmes nationaux et mondiaux de protection de la santé publique contre la propagation des maladies.

Le Royaume des Tonga comprend, que pour être efficace, le RSI (2005) devra fonctionner à divers niveaux dans chaque pays ainsi qu'entre les pays au niveau international et à celui de l'Organisation mondiale de la Santé. Le Royaume des Tonga a donc, avec l'appui de ses partenaires régionaux, y compris l'OMS, pris un certain nombre de mesures pour préparer l'entrée en vigueur du nouveau dispositif. Toutefois, il ne lui est pas possible de confirmer que tous les ajustements nécessaires pourront être effectués d'ici le 15 juin 2007.

C'est pourquoi, au nom du Royaume des Tonga et conformément au paragraphe 3 de l'article 59 du RSI (2005), je déclare que les ajustements suivant ne seront peut-être pas achevés d'ici juin 2007.

Les ajustements qui restent à apporter sont les suivantes :

1. Révision de la loi de 1992 sur la santé publique pour assurer la cohérence législative avec le RSI (2005) ;
2. Renforcement des systèmes existants de notification régulière au niveau national des maladies à déclaration obligatoire, y compris la notification des évènements pouvant présenter une importance pour la santé publique, quelle qu'en soit la source ;
3. Divers renforcements aux fonctions de protection de la santé aux frontières, y compris l'amélioration des capacités de

notification et d'action s'agissant des évènements de santé publique à l'aéroport de Fua'amotu et surveillance et maîtrise des espèces vectrices/réservoirs à l'aéroport Fua'amotu et au port Nuku'afola.

Le Royaume des Tonga est et restera attaché à jouer son rôle dans les actions collectives contribuant à la santé publique de tous les peuples du monde. Il est dans mon intention que tous les ajustements restant à apporter soient effectués d'ici le 31 décembre 2007 et en tout état de cause au plus tard 15 juin 2008.

Graphique I. Procédure de protection contre la propagation internationale des maladies

Procédure de protection contre la propagation maladies infectieuses		
Etape	**Délai**	**Opérations / Responsables**
Schéma 1 : L'Etat respecte les prescriptions de l'OMS (art. 5. 1 & 13.1 RSI)		
I.ETABLISSEMENT DES PRINCIPALES CAPACITÉS REQUISES -L'Etat partie utilise les structures et ressources nationales existantes (Para 1.de la partie A de l'annexe 1 du RSI (2005) - L'Etat acquiert, renforce et maintient, dès que possible mais au plus tard dans les 5 ans , la capacité de réagir efficacement et rapidement en cas de risque pour la santé publique et d'urgence de santé publique (art 5.1 & 15.1)	Cinq (5) ans suivant l'entrée en vigueur du RSI (2005à à l'égard de cet Etat Partie	
II.EVALUATION (Para. 2 de la partie A de l'annexe 1 du RSI (2005)	**Deux (02) ans** qui suivent l'entrée en vigueur du présent Règlement à l'égard de cet Etat Partie,	Analyser la capacité des structures et ressources nationales existantes à satisfaire aux prescriptions minimales prévues à l'annexe I
III. PLANIFICATION & MISE EN OEUVRE		Élaborer et appliquer des plans d'action (Para. 2 de la partie A de l'annexe 1 du RSI (2005) Pour que ces principales capacités soient présentes et fonctionnent sur tout l'étendue du territoire
Schéma 2 : L'Etat Partie est défaillant (A la suite de l'évaluation visée au paragraphe 2 de la partie A de l'annexe I,)		
I.L'ETAT REND COMPTE A L'OMS L'Etat Partie **peut** rendre compte à l'OMS en invoquant **un besoin justifié et un plan d'action**	**Délai supplémentaire** de deux (02) ans pour remplir l'obligation qui lui incombe (par. 1 art 13 ; par 1 art 5)	Remplir l'obligation qui lui incombe (art 5.1 & 13.1 RSI)

II.CIRCONSTANCES EXCEPTIONNELLES **1.l'Etat adresse une demande AU DIRECTEUR GENERAL)** En faisant valoir **un nouveau plan d'action** L'Etat **peu**t demander que le délai soit **encore prorogé** **2.Le Directeur Général** prend une décision en tenant de l'**avis technique du Comité d'examen** (para 2 article 5, para 2 art 13 RSI)	Prolongation du **délai de deux (2) ans au maximum**	L'Etat Partie qui a obtenu un délai supplémentaire : **-rend compte tous les ans** à l'OMS des progrès accomplis dans la mise en œuvre complète (…)

CHAPITRE II. LA **PROCÉDURE INTERNATIONALE DE REDRESSEMENT POUR LES URGENCES DE SANTÉ PUBLIQUES DE PORTÉE INTERNATIONALE**

De **l'article 13 alinéa 4** du RSI (2005) découle une procédure de redressement à fort caractère « **international** ». A la différence de la procédure ordinaire de redressement telle que décrite plus haut et qui est déclenchée à l'initiative de l'Etat concerné, le déclenchement de ladite procédure se fait à l'initiative à la fois l'OMS et de l'Etat concerné. Ainsi, de la simple constatation de l'Urgence naissent des conséquences en termes d'**assistance** : assistance supplémentaire et/ou **assistance internationale** sous le contrôle de l'OMS.

Toutefois, la procédure de redressement internationale du RSI (2005) renferme les mêmes caractéristiques que celles prévues en droit commun et notamment à l'article 247 alinéa 1 AUPCAP[90] qui dispose que :

> *Lorsqu'elles sont exécutoires, les décisions d'ouverture et de clôture des procédures collectives ainsi que celles qui règlent les contestations ou les différends nés de ces procédures et celles sur lesquelles les procédures collectives exercent une influence juridique, prononcées sur le territoire d'un Etat Parties conformément au présent Acte uniforme ont autorité de la chose jugée sur le territoire des autres Etats Parties.*

La procédure ouverte dans un Etat Partie a des effets dans l'ensemble de l'espace OHADA. De même, selon les dispositions de l'article 13 alinéa 4 susvisé (RSI 2005) :

> *« Si l'OMS, en consultation avec les Etats Parties concernés conformément à l'article 12[91], établit qu'il existe **une urgence***

[90] De même ordre d'idée, l'article 249 AUPCAP : « ***Le syndic désigné par une juridiction compétente peut exercer, sur le territoire d'une autre Etat partie tous les pouvoirs qui lui sont reconnus par le présent Acte uniforme aussi longtemps qu'aucune autre procédure collective n'est ouverte dans cet Etat.***

La nomination du syndic est établie par la présentation d'une copie, certifiée conforme à l'original de la décision qui le nomme ou par tout autre certificat établi par la juridiction compétente. Il peut être exigé une traduction de ce document dans la langue officielle d el'Etat partie sur le terriotire duquel le syndic veut agir. »

[91] **Détermination de l'existence d'une urgence de santé publique de portée internationale**
Il ressort des dispositions de l'article 12 RSI (2005) que :

de santé publique de portée internationale, *elle peut offrir, outre le soutien indiqué au paragraphe 3 du présent article, une* ***assistance supplémentaire*** *à l'Etat Partie, et notamment une* ***évaluation*** *de gravité du risque international et de l'adéquation des mesures de lutte. Elle peut au titre de collaboration, offrir de mobiliser une* ***assistance internationale*** *afin d'aider les autorités nationales à conduire et coordonner les évaluations sur place. A la demande de l'Etat Partie, l'OMS communique des informations à l'appui de cette offre. »*

Ici, dès l'entame c'est l'ensemble du système international est mis à contribution.
Dès lors qu'il est question d'une USPPI, la procédure visée à l'article 49 RSI (2005) est ouverte.

---

1. Le Directeur général détermine, sur la base des informations qu'il reçoit, en particulier de l'Etat Partie **sur le territoire duquel un évènement se produit**, si un évènement constitue une urgence de santé publique de portée internationale au regard des critères et de la procédure énoncée dans le présent Règlement.
2. Si le Directeur général considère, **sur la base d'une évaluation** en vertu du présent Règlement, qu'il existe une urgence de santé publique de portée internationale**, il consulte** l'Etat partie sur le territoire duquel l'évènement se produit au sujet de cette conclusion préliminaire. Si le **Directeur général et l'Etat Partie conviennent de cette conclusion**, le Directeur général suivant la procédure énoncée à l'article 49, sollicite les vues du Comité créé en application de l'article 48 (ci-après dénommé le « Comité d'urgence ») concernant les recommandations temporaires appropriées.
3. Si, suite à la conclusion prévue au paragraphe 2 ci-dessus, le Directeur général et l'Etat Partie sur le territoire duquel l'évènement se produit ne s'entendent pas dans les 48 heures **sur la question de savoir si l'évènement constitue une urgence de santé publique de portée internationale**, une décision est prise conformément à la procédure énoncée à l'article 49.
4. *Pour déterminer si un évènement constitue une urgence de santé publique de portée internationale, le Directeur général tient compte :*

a) Des informations fournies par l'Etat Partie ;
b) De l'instrument de décision figurant à l'annexe 2 ;
c) De l'avis du Comité d'urgence ;
d) Des principes scientifiques, ainsi que des éléments de preuve scientifiques disponibles et autres informations pertinentes ; et
e) *D'une évaluation du risque pour la santé humaine, du risque de propagation internationale de maladie et du risque d'entrave au trafic international. »*

5. Si le Directeur général, après consultation de l'Etat Partie sur le territoire duquel l'urgence de santé publique de portée internationale est survenue, considère que l'urgence de santé publique de portée internationale a pris fin, il prend une décision conformément à la procédure énoncée à l'article 49.

> ***<u>La simple énonciation ou constatation d'une USPPI déclenche l'ouverture de la procédure internationale énoncée à l'article 49 RSI (2005).</u>***

Section 1. L'organisation de la procédure collective de redressement des USSPI

A. Définition et Caractère international USSPI.

Il est loisible de constater que le RSI (2005) va de spécificité en spécificité. Traiter du cas spécifique des urgences de santé publique de portée internationale, c'est la façon pour l'OMS de reconnaître le « *caractère de plus en plus potentiellement international des épidémies. Toute chose par laquelle l'OMS a cherché à affiner la notion d'**urgence** et à définir une urgence de santé publique à portée internationale « en vue d'établir **un arbre de décision** qui, une fois mis à l'essai sur le terrain, pourrait aider l'OMS et les pays à déterminer si un risque de santé publique revêt un caractère d'urgence sur le plan international et, dans l'affirmative, à décider des mesures de santé publique à appliquer* ».

Comme l'affirme la Constitution de l'OMS, la santé est un droit fondamental de l'être humain. Par voie de conséquence, **l'internationalisation potentielle des situations d'urgence sanitaire induit :**

- **la notion de risque global de détérioration d'un bien dont chacun doit pouvoir, en théorie, disposer;**
- d'un bien qui serait donc commun à tous et dont les caractéristiques seraient les suivantes : non-exclusivité (il appartient à tous), non-rivalité (chacun peut en jouir en même temps), franchissement des frontières enfin (toutes les frontières : géographiques, économiques, socioculturelles)[92].

1. Définition.

Ainsi, conformément à l'article 1 du Règlement sanitaire internationale (RSI) une **urgence de santé publique de portée internationale (USPPI)** s'entend d'un évènement extraordinaire dont il est déterminé que :

[92] Jean Didier Boukongou, Cours Droit International de la Santé, JDB/DIS/2007/UCAC/boukongou@yahoo.fr (237) 775 16 13, p 26.

i. il constitue un risque pour la santé publique dans d'autres Etats en raison du risque de propagation internationale de maladies ; et

ii. il peut requérir une action internationale coordonnée ».

Cette définition implique une situation réunissant les caractères suivants :

- grave, soudaine, inhabituelle ou inattendue ;
- avec des répercussions de santé publique dépassant les frontières du pays touché ;
- pouvant exiger une action internationale immédiate[93].

L'USPPI est une **déclaration** faite par **l'Organisation mondiale de la Santé** (OMS), faite quand survient « Cet évènement[94] » extraordinaire.

Une USPPI ne se cantonne pas aux seules maladies infectieuses, elle peut concerner des évènements provoqués par des agents chimiques ou des matériaux radioactifs. Toutefois, à la date de décembre 2020, toutes les USPPI déclarées l'ont été pour des infections virales.

2. Les caractères de la procédure

Pour ainsi dire, la procédure des USPPI présente deux caractères : urgent et international.

a. Le caractère urgent

Il résulte de la nécessité de déterminer avec exactitude si oui non il s'agit d'une USPPI pour pouvoir autoriser le plus rapidement possible la mise en mouvement l'ensemble des mesures de santé publique à appliquer. Nous constaterons par exemple que conformément au paragraphe 4 de l'article 49, l'Etat Partie concerné, informé à l'avance de la date et de l'ordre de jour de la réunion du Comité d'urgence, ne peut demander l'ajournement de la réunion pour exposer ses vues.
C'est une procédure d'urgence, comme son nom l'indique, qui a le mérite d'être très bien organisé. Chaque intervenant sachant très bien ce qu'il doit faire.

---

[93] Wikipédia, consulté le 08/04/2023 à 13 :45.

[94] **Selon l'article 1 RSI (2005) l' « évènement » s'entend d'une manifestation pathologique ou d'un fait créant un risque de maladie ».**

b. Le Caractère international

Le caractère international quant à lui résulte du fait de la reconnaissance et des effets de la procédure collective du Règlement à l'égard de l'ensemble des Etats Parties de l'OMS.

On pourrait également citer, la saisine d'une instance internationale à savoir le « Comité d'urgence » de l'Organisation Mondiale de la Santé ; la qualité des acteurs à la procédure ; l'avis et l'« accord » des Etats parties à différentes étapes de la procédure, etc.

B. Les organes de la procédure

Les différents organes qui interviennent dans la procédure sont :

- **Le Directeur Général** : il est l'organe principal de la procédure. Il veille au bon fonctionnement de la procédure. Il a seul qualité pour initier la procédure.
- **Le Comité d'urgence** : est l'instance chargée de donner son avis pour déterminer si oui ou non un évènement est une urgence de santé publique de portée internationale
- **Les Etats Parties** : sont les principaux acteurs du système international. En principe, ils sont seuls compétents à pouvoir saisir l'OMS par l'intermédiaire de leur **point focal national RSI**.
- **Les sources / autres rapports** : Conformément au paragraphe 1 de l'article 9 du RSI (2005) : « *L'OMS peut tenir compte de* ***rapports émanant de sources*** *autres que les notifications ou les consultations (...)* ». C'est **une exception** à la règle de compétence exclusive, en donnant la possibilité à l'OMS de tenir compte d'Autres rapports provenant d'autres sources que les notifications ou consultations. Il va même plus loin en offrant auxdites sources une protection quand il dispose plus loin que : « (…) A cette fin, l'OMS met les informations reçues à la disposition des Etats Parties, sachant que, seulement dans le cas où cela est dûment justifié, l'OMS peut préserver le caractère confidentiel de la source ».

Section 2. Les préalables à la procédure internationale de redressement pour USPPI

Contrairement à précédente procédure ordinaire de redressement prévue par le RSI (2005), la procédure de redressement pour urgence de santé portée publique de portée internationale est centrée sur la détermination par le Directeur de l'existence d'une urgence de santé publique de portée internationale.

A. L'ouverture du redressement pour USSPI

L'ouverture d'une procédure de redressement pour USSPI devant l'OMS est subordonnée à :

- **L'évaluation** (visée au paragraphe 2 de la partie A de l'annexe 1) : il s'agit ici de la condition commune à toute les procédures collectives de redressement visées par le Règlement ; et
- **La détermination de l'USPPI** par le Directeur Général de l'Organisation.

C'est une décision du Directeur Général de l'OMS qui déclenche la procédure avec pour conséquence immédiate la mise en mouvement de l'assistance et collaboration du système international.

1. Les conditions de fond

a. L'évaluation.

Conformément au paragraphe 2 de la partie A. de l'annexe I du RSI (2005) :

> *Chaque Etat Partie* ***évalue****, dans les deux (2) ans qui suivent l'entrée en vigueur du présent Règlement à l'égard de cet Etat,* ***la capacité des structures et ressources nationales existantes*** *à satisfaire aux prescriptions minimales de la présente annexe.* ***A la suite de cette évaluation****, les Etats Parties élaborent et appliquent des plans d'action pour que ces principales capacités soient présentes et fonctionnent sur tout leur territoire comme il est stipulé au paragraphe 1 de l'article 5 et au paragraphe 1 de l'article 13.*

L'évaluation est la principale condition d'ouverture de la procédure collective d'apurement du RSI (2005). Elle se fait au moyen de l'**instrument de décision** présent à l'annexe 2 du Règlement.
L'évaluation permet à l'Etat Partie concerné de déterminer la situation économique des structures et ressources basées sur son territoire et qui devront intervenir dans le « circuit » de lutte contre les pandémies et autres risques de santé publique. Elle est donc de ce fait le déclencheur de la procédure collective envisageable pour celles des structures qui connaîtrait des difficultés.

Il est clair que les structures concernées doivent exister légalement.

- **Le but de l'évaluation.**

Comme nous l'avons relevé au chapitre précédent l'évaluation permet d'apprécier si l'Etat Partie concerné aurait ou serait en mesure de remplir l'obligation qui l'incombe aux termes du paragraphe 1 de l'article 5 (RSI (2005) *(voir aussi paraphe 1 de l'article 13)* :

> *Chaque Etat Partie* ***acquiert, renforce et maintient****, dès que possible mais au plus tard dans les cinq ans suivant l'entrée en vigueur du présent Règlement à l'égard de cet Etat Partie, la capacité de détecter, d'évaluer, de notifier et de déclarer des évènements en application du présent Règlement, comme indiqué à l'annexe 1.*

- **L'évaluation faite par l'Etat Partie concerné**

Transposition partielle des règles du redressement simplifié

Obligation légale. Le paragraphe 2 du point A de l'Annexe 1 du RSI (2005) énonce que Chaque Etat évalue, dans **les deux ans** qui suivent l'entrée en vigueur du Règlement à l'égard de cet Etat Partie, la capacité des structures et ressources nationales existantes à satisfaire aux prescriptions minimales de la présente annexe.

Chaque Etat évalue les évènements qui surviennent sur son territoire au moyen de l'**instrument de décision** présenté à l'annexe 2 du Règlement.

L'Etat Partie concerné **notifie** à **l'OMS,** par les moyens de communication les plus efficace dont il dispose, par l'intermédiaire de son point focal RSI (article 6 RSI).

Le déclarant. L'auteur de l'acte de notification est donc L'Etat par l'intermédiaire de son point focal RSI – qui au Cameroun est l'Observatoire National de Sant Publique (ONSP).

Modalités de l'évaluation. Elle assortie, conformément au paragraphe 2 du point A de l'Annexe 1 du RSI (2005), des **plans d'actions** élaborés par l'Etat.

Sanction de l'obligation d'évaluer. Cette évaluation de la capacité des structures et ressources est obligatoire et l'Etat qui n'y procède pas s'expose à différentes sanctions.

Il peut être placé sous « assistance » OMS et être tenu de rendre compte tous les ans des progrès accomplis dans la mise en œuvre complète de ses obligations. Ce qui est une « entorse » au principe international de souveraineté des Etats.

- **Les effets de l'évaluation**.

Les effets qui découlent de l'évaluation sont :

- *La prorogation de délai liée à la* ***période dite suspecte*** *– que nous développerons plus en détail dans les prochaines lignes.*

L'intervention de nouveaux organes dans la procédure.

- **Délai de l'évaluation**

Conformément au paragraphe 2 de la partie A de l'annexe I RSI (2005), **l'évaluation se fait dans les deux (02) ans** qui suivent l'entrée en vigueur du Règlement à l'égard de cet Etat Partie.

A la suite de cette évaluation, les Etats Parties élaborent et appliquent d**es plans d'action** pour que les principales capacités soient présentes et fonctionnent sur le territoire : c'est l'hypothèse normal.

Mais il peut arriver que des difficultés surviennent pour un Etat Partie d'honorer à ses obligations au titre du règlement. On dit dans le jargon usuel qu'il est en difficulté. Alors l'Etat concerné peut soit saisir l'OMS soit son Directeur Général.

Prorogation des délais. Compte tenu des difficultés – de diverses ordres - auxquelles peuvent être soumises les Etats notamment les écarts Nord/Sud, les crises etc. il leur est recommandé conformément aux dispositions pertinentes du paragraphe 2 de l'article 5 RSI (2005) *(voir aussi paraphe 2 de l'article 13 RSI (2005)*, l'usage d'autres procédés en fonction des situations :

- ***En situation normale*** **:** A la suite de l'évaluation visée au paragraphe 2 de la Partie A de l'annexe 1, un Etat Partie peut rendre compte à l'OMS en invoquant un besoin justifié et un plan d'action, et ce faisant obtenir un délai supplémentaire de deux ans pour remplir l'obligation qui lui incombe aux termes du paragraphe 1 du présent article.
- ***Dans des circonstances exceptionnelles*** **:** et faisant valoir un nouveau plan d'action, l'Etat Partie peut demander que le délai soit encore prolongé de deux (02) ans au maximum au Directeur général, qui se prononce en tenant compte de l'avis technique du Comité d'examen.

- **Les conséquences de l'évaluation.**

Après la période prévue au paragraphe 1 de l'article 5 RSI (2005) *(voir aussi paraphe 1 de l'article 13 RSI (2005))* – soit cinq ans suivant l'entrée en vigueur du Règlement à l'égard d'un Etat Partie concerné – l'Etat Partie qui a obtenu un délai supplémentaire **rend compte tous les ans à l'OMS** des progrès accomplis dans la mise en œuvre complète.

b. La détermination de l'USPPI par le Directeur Général de l'Organisation.

C'est une décision du Directeur Général de l'OMS qui déclenche la procédure avec pour conséquence immédiate la mise en mouvement de l'assistance et collaboration du système international.

2. Les conditions procédurales

1. Saisine de l'OMS

Les règles de saisine concernent la forme, délai et contenu de la demande

a. La forme

L'**OMS est saisie par voie de notification par l'intermédiaire du point focal national de l'Etat concerné comme sus indiqué. Cette notification doit revêtir la forme de l'instrument de décision de l'annexe 2 tel que prescrit par le Règlement.**

L'OMS peut également être saisie par voie de **consultation** dans l'hypothèse où l'Etat Partie concerné ne dispose pas de suffisamment d'information pour utiliser l'instrument de décision (art. 8 RSI).

Exception. L'OMS peut tenir compte de **rapports émanant de sources** autres que les notifications ou les consultations (art.9 RSI (2005). Dans ce cas, l'OMS demande à l'Etat Partie de **vérifier** les rapports provenant d'autres sources que les notifications ou consultations, selon lesquels des évènements pouvant constituer une USPPI se produiraient sur son territoire. En pareil cas, l'OMS **informe** l'Etat Partie concerné au sujet des rapports qu'elle cherche à vérifier (art. 10 RSI (2005)).

La notification doit contenir, sous peine d'irrecevabilité :

- L'Evaluation sus-évoquée ;
- Description détaillée de tout événement sur son territoire pouvant constituer une USPPI au regard de l'instrument de décision figurant à l'annexe 2 ;
- Toute mesure sanitaire prise pour faire face à ces événements.

b. Délai

Conformément au paragraphe 1 de l'article 6 RSI (2005), l'Etat Partie concerné notifie à l'OMS dans **les 24 heures** suivant l'évaluation des informations de santé publique, tout évènement survenu sur son territoire pouvant constituer une USPPI au regard de l'instrument de décision.

2. La décision du Directeur Général pour déterminer l'USPPI

Le Directeur général détermine, sur la base des informations qu'il reçoit, en particulier de l'Etat Partie sur le territoire duquel un évènement se produit, si un évènement constitue une urgence de santé publique de portée internationale au regard des critères et de la procédure énoncés dans le Règlement.

B. <u>Des procédures pour déterminer l'existence d'une « urgence de santé publique de portée internationale «</u>

1. Procédure auprès de l'Etat concerné (article 12 para. 2&3)

Si le Directeur général considère, sur la base d'une évaluation en vertu du Règlement, qu'il existe une urgence de santé publique de portée internationale, il consulte l'Etat Partie sur le territoire duquel l'évènement se produit au sujet de cette consultation préliminaire.

Deux cas de figure sont envisageables :

<u>*Cas de figure 1*</u>

*si le Directeur général et l'Etat Partie conviennent de cette **conclusion**, le Directeur général suivant la procédure énoncée à l'article 49, sollicite les vues du Comité concernant les recommandations temporaires appropriées.

Dans ce cas, il faut qu'il y ait « **accord** » entre le Directeur Général et l'Etat Partie concerné sur les conclusions préliminaires pour que conformément à la procédure de l'article 49, le DG sollicite les vues du comité d'examen concernant les recommandations temporaires appropriées. En d'autres termes, le Directeur général soumet à l'avis du Comité d'examen les recommandations temporaires qu'il se propose de formuler *(alinéa 2 de l'article 49).*

Schématiquement, les étapes :

C. *Si le Directeur Général considère sur la base d'une évaluation qu'il existe une USPPI (**art 12 al. 2 RSI**) :*

i. *Il consulte l'Etat Partie sur le territoire duquel l'évènement se produit au sujet de cette **conclusion préliminaire**.*

ii. *Ils conviennent d'un accord ;*

iii. *<u>Il sollicite les vues du comité d'Urgence concernant les recommandations temporaires appropriées</u> : et la procédure énoncée à l'article 49 RSI s'ouvre.*

<u>Cas de figure 1 : Le DG formule des recommandations temporaires correspondantes après avoir tenu compte de l'avis du **Comité d'urgence**.</u>

<u>*Cas de figure 2*</u>

*Si, suite à la consultation susvisée, le Directeur général et l'Etat Partie sur le territoire duquel l'évènement se produit ne s'entendent pas dans **les 48 heures** sur la **question de savoir si l'évènement constitue une urgence de santé publique de portée internationale**, une décision est prise conformément à l'article 49.

Cas de figure 2. Dans le cas où ***il n'y a d'accord dans les 48 heures*** suivant la Consultation préliminaire, une décision est prise conformément à la procédure de l'article 49.

D. Ici, le Directeur général ne soumet pas au comité les recommandations temporaires qu'il se propose de formuler.

<u>**Dans l'un ou dans l'autre cas, la procédure visée à l'article 49 du RSI est ouverte**</u>.

2. <u>La procédure devant le Comité d'urgence</u>

a. Règles de saisine du comité

1.1. Mandat et composition

Le Directeur Général crée un Comité d'urgence qui, est un **comité consultatif** dont les membres sont nommés par le Directeur général de l'OMS, à partir de la liste d'experts du RSI et, s'il y a lieu, d'autres tableaux d'experts de l'Organisation.

Le Directeur Général détermine la durée du mandat des membres afin d'assurer la continuité de l'examen d'un évènement particulier et ses conséquences.

Le Directeur Général choisit les membres du comité d'urgence sur la base des compétences et de l'expérience requises pour une séance particulière et en tenant dûment compte des principes d'une représentation géographique équitable. L'un au moins des membres du Comité d'urgence devrait être un expert désigné par un Etat Partie sur le territoire duquel l'évènement survient.

A cet effet, il est communément admis que les membres de ce comité disposent de connaissances techniques en matière de lutte contre la

maladie, de virologie, de vaccins, d'épidémiologie, de maladies infectieuses etc.
(Toutefois, une USPPI ne se cantonne pas aux seules maladies infectieuses, elle peut concerner des évènements provoqués par des agents chimiques ou des matériaux radioactifs.)
Le Directeur Général peut, de sa propre initiative ou à la demande du Comité d'urgence, nommer un ou plusieurs experts techniques pour conseiller le Comité.

A la demande du Directeur Général, le comité d'urgence se réunit **pour évaluer un évènement**[95] et donner son avis sur :

- La question de savoir si un évènement constitue une urgence de santé publique de portée internationale ;
- La question de savoir si une urgence de santé publique de portée internationale a pris fin ; et
- La proposition d'émettre, de modifier, de proroger ou d'annuler les recommandations temporaires. (Article 48 paragraphe 2).

1.2. La convocation du Comité d'Urgence

Conformément au paragraphe 1 de l'article 49 du RSI, le **Directeur Général** de l'OMS a seul compétence pour convoquer les réunions du Comité d'urgence, en choisissant plusieurs experts parmi ceux visés au paragraphe 2 de l'article 48[96], en fonction de domaines de compétence et de l'expérience qui correspondent le mieux à l'évènement spécifique qui est en train de se produire.
Les « réunions » du comité d'Urgence peuvent désigner des téléconférences, visioconférences ou communications électroniques.

---

[95] « Évènement » s'entend d'une manifestation pathologique ou d'un fait créant un risque de maladie.

[96] Le paragraphe 2 de l'article 48 RSI (2005) dispose que : « *le Comité d'urgence est composé d'experts choisis par le Directeur général parmi les membres de la Liste d'experts du RSI et, s'il y a lieu, d'autres tableaux d'experts de l'Organisation. Le Directeur général détermine la durée du mandat des membres afin d'assurer la continuité de l'examen d'un évènement particulier et de ses conséquences. Le Directeur général choisit les membres du comité d'urgence sur la base des compétences et de l'expérience requises pour une séance particulière tenant dûment compte des principes d'une représentation géographique équitable. L'un au moins des membres du comité devrait être un expert désigné par un Etat Partie sur le territoire duquel l'évènement survient.* »

1.3. Délai

Si l'on se base sur les dispositions du paragraphe 3 de l'article 12 RSI (2005) qui prévoit 48 heures dans le cas d'un désaccord entre l'OMS et l'Etat Partie concerné sur la question de savoir si l'évènement constitue une USPPI, pour saisir le Comité d'Urgence conformément à l'article 49.

En l'absence de précision et vu qu'il s'agit de la même procédure visée à l'article 49 : **les délais de saisine sont de 48 heures à compter de conclusion préliminaire.**

Délai des recommandations temporaires.

Les recommandations temporaires d'une USPPI expirent automatiquement au bout de trois mois. Tous les trois mois, le Comité d'urgence réunit pour décider de reconduire la même période avec les modifications éventuelles des recommandations.

b. Déroulé de la procédure devant le Comité d'Urgence (la procédure de l'article 49)

Conditions relatives à la tenue

Il s'agit de respecter les conditions de fond, de forme et de délai de convocation de préparation et d'envoi des dossiers.

1.4. Convocation

Conditions de fond (Pouvoir)

Conformément aux dispositions de l'article 29 alinéa 1 (RSI 2005) qui dispose :

> *Le Directeur général convoque les réunions du Comité d'urgence en choisissant plusieurs experts parmi ceux visés au paragraphe 2 de l'article 48, en fonction des domaines de compétence et de l'expérience qui correspondent le mieux à l'évènement spécifique qui est en train de se produire. Aux fins du présent article, les « réunions » du Comité d'urgence peuvent désigner des téléconférences, visioconférences ou communications électroniques.*

Le comité d'urgence est convoqué à la diligence du Directeur Général de l'OMS.

A cette réunion, le Directeur général invite **l'Etat partie** dans le territoire duquel l'événement se produit.

1.4.1. Conditions de forme

Il convient de relever que le RSI n'impose aucune condition particulière. Notons que dans la pratique, la convocation est faite par lettre au porteur contre récépissé ou par lettre recommandée avec demande d'avis de réception **portant mention de l'ordre du jour, du lieu, de la date et de l'heure de la réunion.**

Article 49 paragraphe 4 RSI de manière explicite pour ce qui est du cas de l'Etat concerné :

> *Le Directeur Général, dans le même temps, invite l'Etat partie sur le territoire duquel l'évènement s'est produit à présenter ses vues. A cet effet, le Directeur Général l'informe aussi longtemps à l'avance que nécessaire, de la date et de l'ordre du jour de la réunion du comité d'urgence. L'Etat Partie concerné ne peut cependant pas demander l'ajournement de la réunion du Comité d'urgence pour lui exposer ses vues (Art 49.4).*

1.4.2. Délai

La convocation est adressée à chaque expert choisi par le Directeur Général. Aucun délai n'est spécifié dans le Règlement. Toutefois, en se référant à l'article 49.4 (RSI (2005), la convocation doit être faite *« aussi longtemps à l'avance que nécessaire »*. Elle doit laisser un délai raisonnable permettant à chacun des destinataires d'assister à la réunion.

1.4.3. Communication des pièces

Le Directeur général communique au Comité d'urgence l'ordre du jour et toute information pertinente concernant l'évènement, y compris les informations fournies par les Etats Parties, ainsi que toute recommandation temporaire que le Directeur général se propose de formuler (art 49.2).

- ➢ *Le Directeur Général communique au Comité d'urgence et à l'Etat concerné les pièces suivantes :*
- ***La date***
- ***L'ordre du jour ;***
- ***Toute information pertinente concernant l'évènement, y compris les informations fournies par les Etats Parties***

- ***Toute recommandation temporaire que le Directeur Général se propose de formuler.***

1.5. La procédure devant le Comité d'urgence

1. Le Directeur général invite l'Etat Partie sur le territoire duquel l'évènement se produit à présenter ses vues au Comité d'urgence. A cet effet, le Directeur général l'informe aussi longtemps à l'avance que nécessaire, de **la date et de l'ordre du jour de la réunion du Comité d'urgence pour lui exposer ses vues (art 49.4).**
2. Le Comité d'urgence élit son Président et, après chaque réunion, établit un rapport succinct de ses débats et délibérations dans lesquels il fait figurer ses avis sur d'éventuelles recommandations (art. 49.3).

➢ *Dès sa saisine le comité d'urgence élit son Président.*
Après chaque réunion, le comité d'urgence établit :
*un **rapport succinct** de ses débats et délibérations dans lequel il fait figurer **ses avis** sur d'éventuelles recommandations.*

1.6. La décision du comité d'urgence

Le Comité d'urgence rend un ***avis.***

L'avis du Comité d'urgence est communiqué au Directeur général pour examen. Le Directeur général décide en dernier ressort.

3. La décision du Directeur général

a. La décision

Conformément aux dispositions article 12 paragraphe 4 RSI (2005) :

« Pour déterminer si un événement constitue une urgence de santé publique de portée internationale, le Directeur général tient compte :

a) Des informations fournies par l'Etat Partie ;
b) De l'instrument de décision figurant à l'annexe 2 ;
c) De l'avis du Comité d'urgence ;
d) Des principes scientifiques, ainsi que des éléments de preuve scientifiques disponibles et autres informations pertinentes ; et
e) D'une évaluation du risque pour la santé humaine, du risque de propagation internationale de maladies et du risques d'entraves au trafic international. »

Tous ces éléments réunis, le Directeur Général prend sa décision de déclarer qu'il existe une urgence de santé publique de portée international.

b. Formalités antérieures à la décision

Le Directeur général informe les Etats Parties de sa décision de déclarer qu'il existe une urgence de santé publique à portée internationale ou qu'elle a pris fin et leur fait part de toute mesures sanitaire prise par l'Etat Partie concerné, des recommandations temporaires éventuelles et de leur modification, prorogation ou annulation, ainsi que l'avis du Comité d'urgence. Il informe également de ces recommandations temporaires, y compris de leur modification, prorogation ou annulation, les exploitants de moyens de transport, par l'intermédiaire des Etats Parties et des organismes internationaux compétents. Il diffuse ensuite ses informations au grand public.

c. Voies de recours contre la décision

Toutefois, les Etats Parties sur le territoire desquels l'évènement s'est produit peuvent proposer au Directeur Général de mettre fin à une urgence de santé publique de portée internationale et/ou x recommandations temporaires, et peuvent présenter un exposé à cet effet au Comité d'urgence (art.49.7)

La décision du Directeur Général est susceptible d'**opposition** devant le Directeur Général des **Etats Parties** sur le territoire desquels l'évènement s'est produit.

Il les invite à présenter un exposé à cet effet devant le Comité d'urgence.

Graphique II. MODELE DE CALENDRIER DES OPERATIONS DES REUNIONS DU COMITE D'URGENCE

Chronogramme	Délais	Opérations	Responsable
Phase préparatoire			
Jour-j-... avant la tenue du Comité d'urgence		Préparation et transmission des éléments nécessaires et préalables à la tenue d'une réunion de la réunion du comité d'urgence. (Ex. les conclusions préliminaires de l'Etat Partie sur l'évènement (art 12.2)) -Accord entre le DG et l'Etat Partie - *Des informations fournies par l'Etat Partie ;* - *De l'instrument de décision figurant à l'annexe 2 ;* -*De l'avis du Comité d'urgence ;* - *Des principes scientifiques, ainsi que des éléments de preuve scientifiques disponibles et autres informations pertinentes ; et* - *D'une évaluation du risque pour la santé humaine, du risque de propagation internationale de maladie et du risque d'entrave au trafic international.* (Art.12.4) Bref, de toute information nécessaire à la prise de décision)	Directeur Général Mouture par le Directeur général et son staff
		Le Directeur Général communique au Comité d'urgence les éléments suivants (art 49.2) : - Ordre du jour - toute information pertinente concernant l'évènement - Toutes les informations fournies par les Etats Parties - Toutes recommandations temporaires que le Directeur général se propose de formuler - Le Directeur général invite l'Etat concerné	Le Directeur général
Jour-		**Convocation des Experts** (parmi ceux visés au paragraphe 2 de l'article 48) & de l'Etat Partie concerné (art. 49. 4)	**Le Directeur général**

Tenue du Comité d'urgence			
Jour J		Le Comité d'urgence élit son Président L'Etat Partie sur le territoire duquel l'évènement s'est produit présentes es vues Etablit un rapport succinct de ses débats et délibérations dans lequel il fait figurer ses avis sur d'éventuelles recommandations (49.3 RSI)	Le comité d'urgence
Formalité postérieures à la tenue du Comité			
		L'avis du Comité d'Urgence est communiqué au Directeur Général pour examen et décision en dernier ressort	Le Comité d'urgence
		1. Le Directeur Général informe les Etats Parties - de sa décision de déclarer qu'il existe une USPPI ou qu'elle a pris fin et leur fait part de toutes les mesures sanitaires prises par l'Etat concerné ; - des recommandations temporaires éventuelles et de leur modification, prorogation ou annulation ainsi que ; - de l'avis du Comité d'urgence 2. Il informe également de ces recommandations temporaires, les « exploitants e moyens de transport » par l'intermédiaire des Etats Parties et des organismes internationaux compétents 3. Il diffuse ces informations et recommandations dans le grand public	Le Directeur général

Dans le cadre de cette procédure, le Directeur Général assure le secrétariat juridique qui nécessite et implique : l'organisation des réunions du comité d''urgence.

d. Les effets de la décision de déclarer l'existence d'une USPPI

La décision de déclarer qu'il existe une urgence de santé publique de portée internationale ou non produit d'importants effets tant à l'égard de l'Etat concerné, des Etats Parties qu'à l'égard des exploitants de moyens de transports.

1. Effets à l'égard des tiers

Conformément au paragraphe 6 de l'article 49 RSI (2005), *le Directeur général informe les Etats Parties de sa décision qu'il existe une urgence de santé publique de portée internationale ou qu'elle a pris fin et leur fait part de toute mesure sanitaire prise par l'Etat concerné, des recommandations temporaires éventuelles et de leur modification, prorogation ou annulation, ainsi que de l'avis du Comité d'urgence. Il informe également de ces recommandations temporaires, y compris de leur modification, prorogation ou annulation, les* ***exploitants de moyens de Transport,*** *par l'intermédiaire des Etats Parties et des organismes internationaux compétents. Il diffuse ensuite ces informations et recommandations dans le grand public.*

Ainsi la décision du Directeur Général de détermination de l'existence d'une urgence de santé publique à portée internationale produit des effets à l'égard des tiers notamment de l'ensemble des Etats Parties, des exploitants de moyens de Transports, des organismes internationaux et du grand public qui sont tenus de :

- Respecter et faire respecter les informations et recommandations temporaires qui leur sont transmis.
- À la demande de l'OMS, soutenir, dans la mesure du possible, l'action coordonnée par l'OMS.

2. Effets de la décision à l'égard de l'Etat concerné

- L'Etat est tenu d'annuler toute procédure visant **la mise en liquidation** de toute structure nationale existante susceptible de participer à la mise en œuvre des principales capacités requises ;
- Il est également tenu de veiller à la bonne gestion des « ressources » nationales existantes ;

De la simple constatation d'une USPPI naissent des conséquences en termes d'assistance « renforcée » et/ou de collaboration de l'OMS à l'Etat concerné.

Ladite assistance est à la fois technique (13.3 & 4) et internationale.

- **L'assistance technique :** si l'OMS, en consultation avec les Etats Parties concernées, établit qu'il existe une USPPI, elle peut offrir outre le soutien indiqué au paragraphe 3 de l'art. 13 (conseils et assistance techniques, et en évaluant l'efficacité des mesures de lutte mises ne place, y compris, le cas échéant, en mobilisant des équipes internationales d'experts pour prêter assistance sur place), une assistance supplémentaire à l'Etat Partie, et notamment une évaluation de la gravité du risque international
- **L'assistance internationale** : l'OMS, peut au titre de cette collaboration, offrir de mobiliser une assistance internationale afin d'aider les autorités nationales à conduire et coordonner les évaluations sur place. Il s'agit de la mise en place d'un « réseau mondial d'alerte et d'action ».
- L'Etat partie concerné est tenu de collaborer avec l'OMS et toutes les autres institutions internationales compétentes.

Collaboration : Conformément au paragraphe 3 de l'article 10 RSI (2005) : « lorsque l'OMS est informée d'un événement pouvant constituer une urgence de santé publique de portée internationale (USPPI), elle propose de collaborer avec l'Etat Partie concerné à **l'évaluation du** risque de propagation internationale des maladies, de l'entrave au trafic international qui pourrait être créé et de l'adéquation des mesures de lutte. Ces activités de collaboration peuvent inclure une collaboration avec d'autres organisations de normalisation et l'offre de mobiliser une assistance internationale afin d'aider les autorités nationales à conduire et coordonner les évaluations sur place. A la demande de l'Etat Partie, l'OMS communique des informations à l'appui de cette offre ». (Cf. art 13 alinéa 4).

3. A l'Egard de l'OMS

L'ouverture de la procédure de redressement qui découle du Règlement entraîne les effets suivants :

1. L'OMS communique les informations à l'appui de son offre d'assistance ;
2. L'OMS met en mouvement la procédure internationale visée à l'article 49 RSI (2005)
3. L'OMS tient compte pour toute décision de l'avis du Comité d'urgence.

Section 3. La procédure de redressement pour USSPI par l'OMS.

La déclaration du Directeur Général. La décision du Directeur Général de déclarer qu'il existe une urgence de santé publique de portée internationale met en mouvement - auprès de l'OMS - la procédure internationale de redressement telle que prescrite au paragraphe 4 de l'article 13 RSI (2005).

Toutefois, l'aboutissement à cette procédure est soumis au respect d'un ensemble de préalables propres à l'Organisation.

A. Les préalables cette étape de la procédure

1- Les formalités à accomplir par le Directeur général dans la procédure

Conformément au paragraphe 6 de l'article 49 RSI (2005), *le Directeur général informe les Etats Parties de sa décision de déclarer qu'il existe une urgence de santé publique de portée internationale ou qu'elle a pris fin et leur fait part de toute mesure sanitaire prise par l'Etat concerné, des recommandations temporaires éventuelles et de leur modification, prorogation ou annulation, ainsi que de l'avis du Comité d'urgence. Il informe également de ces recommandations temporaires, y compris de leur modification, prorogation ou annulation, les* ***exploitants de moyens de Transport,*** *par l'intermédiaire des Etats Parties et des organismes internationaux compétents. Il diffuse ensuite ces informations et recommandations dans le grand public.*

Les Diligences effectuées par le DG

Dès qu'il rend sa décision de déclarer qu'il existe une urgence de santé publique de portée internationale – ou qu'elle a pris fin - le Directeur général effectue un certain nombre d'opérations, dans l'ordre et l'importance requis par le Règlement, notamment :

1- Il informe les **Etats Parties** de sa décision et leur part de de toutes les mesures sanitaires prise par l'Etat Partie concerné, des recommandations temporaires éventuelles et de leur modification, prorogation ou annulation ainsi que de l'avis du comité

2- il informe également de ces recommandations temporaires, y compris de leur modification, prorogation ou annulation, **les exploitants de moyens de transports,** par l'intermédiaire des Etats Parties et des organismes internationaux compétents.

Comme nous l'avons évoqué plus haut, les exploitants de moyens de transport jouent un rôle déterminant dans les procédures de lutte contre la propagation internationale des maladies. Elles ont le devoir quel que soit la difficulté de préserver autant que possible le trafic international.

3- il diffuse ensuite ces informations et recommandations dans le **grand public**.

2- La publication des principes directeurs par l'OMS

Aux termes des dispositions du paragraphe 1 de l'article 13 RSI (2005) il ressort que : « (...) *l'OMS* ***publie****, en consultation avec les Etats Membres,* ***des principes directeurs*** *pour aider les Etats Parties à acquérir des capacités d'****action*** *de santé publique.* »

Ces principes constituent – pour ainsi dire - un cadre de référence autour duquel s'organise l'ensemble des actions de santé publique à mettre en œuvre. Ils sont conçus à l'effet de préciser quels sont les devoirs et responsabilités en matière de risque pour la santé publique et d'urgence de santé publique de portée internationale.

Pourquoi les principes directeurs sont-ils importants ?

Dans le cadre de la mise en œuvre des actions de santé publique, les principes directeurs agissent comme une sorte de « boussole » pour guider les acteurs et faciliter leurs actions dans la vaste opération pour acquérir les capacités d'action de santé publique nécessaires.

Les Principes directeurs, offrent un modèle pour agir, en fixant des paramètres dans le cadre desquels, il convient que les États Parties élaborent des politiques, des règles et des processus en fonction du rôle qui est le leur et de leurs particularités.

Ils apportent aux Etats Parties des éclaircissements sur les implications du devoir qui leur incombe conformément au Règlement Sanitaire International. Et à l'OMS, des précisions sur l'étendue de ses actions et des opérations sanitaires stratégiques[97], qu'elle est censée mettre en œuvre.

---

[97] Point 6.4 Préambule du RSI (2005) : « *l'Assemblée Mondiale de la Santé prie le Directeur général : d'acquérir et de renforcer les capacités de l'OMS à exécuter pleinement et de manière efficace les fonctions qui lui sont confiées au titre du Règlement sanitaire international (2005), en particulier au moyen des opérations sanitaires stratégique qui apportent un soutien aux pays en vue du dépistage et de l'évaluation des urgences de santé publique et en vue de l'actions pour y faire face* »

Principes directeurs comme norme universelle

Le dispositif d'ensemble ainsi constitué permet de disposer d'un cadre commun pour agir et établir les responsabilités, et donc pour évaluer le comportement des Etats Parties comme de l'OMS. Les Principes directeurs offrent une norme universelle pour toutes les parties prenantes.

3- LE RESPECT DE LA PÉRIODE DITE SUSPECTE (PARAGRAPHE 2 de l'art. 13)

Définition de droit commun. Il est communément admis qu'on attend par « période suspecte », la période qui court du jour de la cessation de paiement au jour du jugement d'ouverture. C'est la même définition qui ressort des dispositions de l'article L632-1 du code de commerce français selon lequel, la période suspecte est ce laps de temps se situant entre la date de cessation des paiements et le jugement d'ouverture de la procédure de redressement ou de liquidation. De même que l'Acte uniforme OHADA portant procédure collective d'apurement du passif (AUPCAP) en son article 67 qui dispose *in extenso* que : « *la période suspecte commence à compter de la date de la cessation des paiements et prend fin à la date de décision d'ouverture du redressement judiciaire ou de la liquidation des biens* ». il précise en outre à l'article 34 (2) AUPCAP que « *la date de la cessation de paiement ne peut être antérieure de plus de dix-huit mois au prononcé de la décision d'ouverture* ».

Le règlement sanitaire international (RSI (2005) ne fait aucune mention du concept de « période suspecte ». Toutefois, il est intéressant de s'appesantir sur ce qui ressort du ***paragraphe 2 de l'article 13*** qui dispose :

> *A la suite de l'évaluation visée au paragraphe 2 de la partie A de l'annexe 1, un Etat Partie peut rendre compte à l'OMS en invoquant un besoin justifié et un plan d'action et, ce faisant obtenir un délai supplémentaire de deux ans pour remplir l'obligation qui lui incombe aux termes du paragraphe 1 du présent article. Dans des circonstances exceptionnelles et en faisant valoir un nouveau plan d'action, l'Etat Partie peut demander que le délai soit encore prolongé de deux ans au maximum au Directeur Général, qui prend la décision en tenant compte de l'avis technique du Comité d'examen.*

L'évaluation visée au paragraphe 2 de la partie A de l'annexe 1 se fait dans **les deux ans** qui suivent l'entrée en vigueur du Règlement. Passé ce délai, L'Etat Partie concerné est qualifié comme étant en difficulté. Il n'arrive pas à faire face avec ses actifs disponibles à ses obligations de se doter des principales capacités requises – il faut le rappeler – pour s'acquitter notamment :

- De ses activités de surveillance, de déclaration, de notification, de vérification, d'action et de collaboration ; et
- De ses activités concernant les aéroports, ports et postes-frontières désignés. *(voir paragraphe 1 de la partie A de l'annexe* 1).

La loi fondamentale de la Santé lui offre donc la possibilité de se rattraper – en situation normale et dans les circonstances exceptionnelles - mais cette fois en recourant à l'intervention de l'OMS conformément au paragraphe 2 de l'article 13 précité. L'Etat Partie concerné disposera d'un délai de deux ans, pour assurer *seul* une fois de plus la gestion de ses obligations.

Toutefois, la Loi reste flexible, compte tenu de la lourdeur et des coûts financiers des mesures à prendre, en permettant à l'Etat de saisir *à nouveau*, mais non plus l'institution son Directeur général qui rendra un décision - en tenant compte de l'avis technique du Comité d'examen – de prolongation de délai de deux ans maximum.

Cette période de deux ans renouvelable en cas de circonstances exceptionnelles est un laps de temps qui met en exergue les difficultés auxquelles est soumis l'Etat concerné.

Le moment – pouvant être considéré comme celui de la survenance des premières difficultés – étant celui de la saisine de l'OMS.

Formalité. La simple formalité requise est qu'il rende compte à l'OMS en invoquant un **besoin justifié** et **un plan d'action**. Et il obtient la prorogation de délai de deux ans.

Les circonstances exceptionnelles. Le RSI (2005) n'énumère pas les évènements susceptibles d'être qualifiés de circonstances exceptionnelles. On pourrait l'analyser comme une sorte de « fourre-tout », permettant à l'Etat partie concerné de saisir à nouveau l'Institution. De même, **aucune précision n'est apportée quant au délai fixé pour** cette saisine à nouveau. On ne sait pas si c'est après le délai des deux ans précédent ou si c'est la survenance d'un fait ou d'un événement nouveau – indépendant qui justifierait une nouvelle saisine.

La décision du Directeur Général. Le choix de décider de la **prolongation** de délai dans des circonstances exceptionnelles est laissé au pouvoir discrétionnaire du Directeur Général. Il prend sa décision en tenant compte **d'un avis technique du Comité d'examen**.

Quelques précisions :

- La décision de ***prolongation*** s'entend de cette décision autorisant que le délai soit allongé sur une durée de deux ans maximum. Il est dit au paragraphe 2 article 13 que *« l'Etat peut demander que le délai soit encore prolongé (..) »*. Il s'agit donc de la **poursuite** de la même procédure, pas d'une nouvelle procédure indépendante. D'où l'avis technique du Comité d'Examen pour mieux apprécier ce qui a été fait et les ajustements si possibles etc.

L'avis technique du Comité d'Examen ou comité d'Experts repose sur un ensemble d'éléments notamment :

- L'analyse de la gestion durant les deux ans supplémentaires accordés en situation normale.

Le sort de l'Etat partie concerné. La décision du Directeur général donne droit à l'ouverture de la procédure de redressement. Car ici il s'agit de s'appesantir sur **le « traitement du sort de l'Etat parte concerné** » par l'ensemble du staff de l'OMS.

En référence au droit commun des entreprises en difficulté, traiter du sort de l'entreprise revient à envisager soit son redressement soit sa liquidation.

Cette décision qui intervient après analyse de la situation de l'Etat défaillant est fixé pour une **durée maximum** de deux ans. Après quoi l'Etat ne peut plus solliciter de délai supplémentaire.

Cette décision du Directeur général place l'Etat Partie concerné sous la surveillance de l'OMS.

Par analogie, on pourrait considérer que la période suspecte dans le cadre du RSI (2005) est ce laps de temps se situant entre la date de cessation des paiements – *dans notre cas celle du dépôt du compte-*

rendu de l'Etat concerné à l'OMS* - et le jugement d'ouverture de la procédure de redressement – *ici, la décision du DG d'apprécier et de prolonger le délai de deux ans sous le fallacieux prétexte « des circonstances exceptionnelles ».

Effets de la période suspecte
A l'égard de l'Etat Concerné

Comme effets de la période suspecte on peut citer :

- Après la période de cinq ans suivant l'entrée en vigueur du Règlement à l'égard d'un Etat Partie concerné, cet Etat qui a obtenu un délai supplémentaire rend compte tous les ans à l'OMS des progrès accomplis dans la mise en œuvre *(para. 2 article 13).*
- Mise en œuvre des différents plans d'action.
- Interdiction de poser des actes qui vont à l'encontre du but du Règlement et des obligations qui lui incombe.
- A l'égard de l'OMS
- L'OMS supervise les actions menées par l'Etat et veille à ce qu'il remplisse ses obligations.

B. La procédure spécifique à l'action de santé publique pour USSPI ou procédure du paragraphe 4 de l'article 13 RSI (2005)

1. Spécificité de la procédure.
Même si l'Etat Partie est placé, par la décision du Directeur Général de prolongé les délais, sous surveillance de l'OMS, elle ne met pas immédiatement en mouvement les mesures de redressement. Elle fixe juste un laps de temps pour permettre à l'Etat Partie concerné de remplir ses obligations. Et à l'OMS de confirmer ses soupçons.

- ***Intervention du Comité d'examen***

Le Comité d'Examen. Le Comité d'Examen est un Comité d'Experts qui exerce, conformément à l'article 50 RSI (2005), les fonctions suivantes :

- Adresser des recommandations techniques au Directeur général concernant des amendements au présent Règlement ;

- Donner au Directeur Général les avis techniques concernant les recommandations permanentes et toute modification ou annulation de celles-ci ;
- Donner des avis techniques au Directeur général sur toute question dont il est saisi par celui-ci concernant le fonctionnement du Règlement.

Le domaine du Comité d'Examen est donc hautement scientifique.

Avec l'intervention à la fois des organes tels que Le Directeur Général, le comité d'Examen, c'est donc l'institution en elle-même qui se voit saisit dans le cadre de cette procédure.

- Le renforcement des mesures de lutte *(voir. Point sur l'Arrêté du plan d'action).*

2. Ouverture de la procédure

a) Déclenchement de la procédure

La procédure est déclenchée par la décision du Directeur général de prolonger les délais.

Le jugement d'ouverture de la procédure de redressement - comme nous l'avons souligné plus haut - est fixé au jour de la décision de prolongation du délai supplémentaire de deux ans pour remplir l'obligation qui incombe l'Etat Partie au titre du Règlement.

Cette décision est de deux ans maximum.

Cette période peut être caractérisée de période d'observation.

b) La période d'observation

- **Définition.**

En droit des procédures collectives d'apurement du passif de droit commun, la période d'observation est une période mise en place dans les procédures de sauvegarde et de redressement judiciaire. Elle permet de faire le point sur la situation de l'entreprise et éventuellement, d'établir un plan de sauvegarde ou de redressement pour l'aider à vaincre ses difficultés.

- **Quand commence la période d'observation ?**

La période d'observation a pour point de départ la première heure du jour d'ouverture de la procédure de sauvegarde ou de redressement.

Ramenée au contexte du RSI (2005). Après la période de **cinq ans** prévue pour permettre aux Etats parties d'acquérir **les capacités** de réagir rapidement et efficacement en cas de risque pour la santé publique ou d'urgence de santé publique à portée internationale, l'Etat qui a obtenu un délai supplémentaire - prolongé ou pas – rend compte tous les ans à l'OMS des progrès accomplis dans la mise en œuvre complète *(para.2 article 13)*.

Ainsi donc, **la période de prolongation de deux ans**, est celle qui peut être considérée comme permettant à l'OMS :

- D'apprécier que les capacités sont bien présentes. De faire un état des lieux. C'est un travail fastidieux.

La question que l'on pourrait se poser à ce niveau est celle de savoir, ***comment gérer une crise si elle se présente pendant la période de prolongation ?*** Ce qui est sûr l'OMS, devra toujours apprécier les capacités nationales existantes sur le territoire dudit Etat. On peut donc estimer que dans le cadre d'une USPPI cette étape reste obligatoire.

- **Modalités procédurales.**

L'octroi de la prolongation de délai est uniquement attribué à l'Etat qui en fait la demande dans les conditions prévues dans le Règlement.

A cet, effet si après le délai de cinq ans – suivant l'entrée en vigueur du RSI (2005) à l'égard d'une Etat partie concerné – le requérant qui a obtenu un délai supplémentaire (prolongé ou non) rend compte à l'OMS tous les ans des progrès accomplis.

Il peut donc arriver que durant la période d'observation tout se passe bien. Mais, il existe aussi des cas où malgré tous les efforts d'un Etat partie, le risque pour la santé publique demeure réel – soit du fait de la mauvaise gestion, de l'incurie etc. – le paragraphe 3 de l'article 13 RSI (2005) prévoit expressément le recours auprès de l'OMS. Il dispose à cet effet :

> *A la demande d'un Etat Partie, l'**OMS collabore à l'action** en cas de risque pour la santé publique et d'autres événements en fournissant des conseils et une assistance techniques et évaluant l'efficacité des mesures de lutte mises en place, y compris le cas échéant, en mobilisant des équipes internationales d'experts pour prêter assistance sur place.*

- **Encadrement de la période d'observation**

La demande de L'Etat est toujours requise pour l'action

Ainsi, toujours à la demande d'un Etat, l'OMS collabore avec L'Etat Partie.

Le maintien de l'exploitation.

Le paragraphe 3 de l'article 13 RSI (2005) souligne un aspect - qui pour nous – joue en faveur du maintien de l'exploitation ou des activités des entités ou des ressources susceptibles d'intervenir dans l'action de lutte contre les pandémies. Le fait pour l'OMS 1/*D'évaluer l'efficacité des mesures de lutte mises en place*. Si elles sont efficaces, alors l'action reste arrimée à elles, si elles ne le sont pas 2/ *l'OMS mobilise des équipes internationales d'experts pour prêter assistance sur place.*

Restriction des pouvoirs de gestion

Depuis la période dite suspect à la période d'observation, les suspicions de défaillance de l'Etat Partie concerné – et donc de risques pour la santé publique – subsistent. L'idée selon laquelle « si une crise sanitaire survient, l'Etat Partie concerné serait dans l'incapacité de réagir et les conséquences en termes de **décès ou pertes en vies humaines** seraient démesurées ». C'est pourquoi dès « l'ouverture » de la procédure pour l'action, on constate que conformément au RSI, l'OMS restreint substantiellement les pouvoirs de l'Etat et le place systématiquement sous assistance.

Assistance et représentation de l'OMS

La paragraphe 3 de l'article 13 RSI (2005) décline les mesures à mettre en œuvre par l'OMS quand elle est saisie pour une action au sol de santé publique pendant la phase d'observation, notamment :

- Fournir (à la fois) des conseils et une assistance techniques,
- Évaluer l'efficacité des mesures de lutte mises en place par L'Etat concerné,
- Mobiliser des équipes internationales d'experts pour prêter assistance sur place.

Avec l'intervention de l'OMS la procédure prend systématiquement un caractère international qui sera renforcé dans le cadre d'urgence de santé publique de portée internationale (USPPI).

2. L'adoption de la décision d'arrêt du plan

a. Arrêté du plan d'action ou plan de redressement

Il ressort des dispositions du paragraphe 4 de l'article 13 RSI (2005) que :

> *« Si l'OMS, en* ***consultation*** *avec les Etats Parties concernés conformément à l'article 12, établit qu'il existe une urgence de santé publique de portée internationale, elle peut offrir, outre le soutien indiqué au paragraphe 3 du présent article, une* ***assistance supplémentaire*** *à l'Etat Partie, et notamment une évaluation de la gravité du risque international et de l'adéquation des mesures de lutte. Elle peut, au titre de cette* ***collaboration****, offrir de* ***mobiliser*** *une* ***assistance internationale*** *afin d'aider les autorités nationales à conduire et coordonner les évaluations sur place. A la demande de l'Etat Partie, l'OMS communique des informations à l'appui de cette offre. »*

Force est de constater que :

- De l'évaluation prévue au paragraphe 2 de la Partie A de l'annexe 1 à la période d'observation – sus indiquées – il est exigé de l'Etat (ou des Etats) partie(s) concerné(s) l'élaboration et à l'application – à chacune des étapes - d'un plan d'action. Plan d'action devant servir à guider l'Etat Partie concerné dans la mise en œuvre des obligations qui lui incombe en vertu du Règlement ;
- Dans le cas de la survenance d'une urgence de santé publique de portée internationale, l'OMS agit conformément aux mesures détaillées et prescrites à l'article 13 paragraphe 4. Implicitement, on peut relever qu'elle agit conformément à un plan de redressement déjà bien défini, mis en mouvement par la décision détermination de l'existence d'une USSPI. Peut-on conclure ici que la détermination d'une USPPI valide le plan d'action – international - de l'OMS.

1- Nature juridique

Il résulte du paragraphe 4 de l'article 13 RSI (2005) que l'initiative d'arrêter le plan de redressement découle de la décision du Directeur général de déclarer l'existence d'une USSPI, conformément à l'article 12 & 49 RSI (2005).

Le plan de redressement est fondamentalement un acte juridictionnel dans son élaboration comme dans ses effets.

2 - Modalités d'arrêté du plan

Moment du prononcé du jugement. L'analyse des dispositions du paragraphe 4 de l'article 13 permet de situer l'arrêté du Plan de redressement prévu par le Règlement au moment de la décision du Directeur général de déclarer l'existence d'une urgence de santé publique de portée internationale.

Le projet de plan de redressement prévu au paragraphe 3 de l'article 13 RSI (2005). Le Règlement ne fait pas linguistiquement référence à l'arrêt d'un plan de redressement à l'initiative de l'une ou l'autre partie. Toutefois, à la lecture du ***paragraphe 2 de l'article 12*** *(in fine)* ***ensemble le paragraphe 3 de l'article 13 RSI (2005)*** qui traite de la gestion d 'une période que nous savons caractérisé de période d'observation, nous avons pu observer qu'à cette étape l'OMS propose déjà un projet de plan. Le paragraphe 3 de l'article 13 RSI (2005) dispose à cet effet que : « *A la demande d'un Etat Partie, l'OMS collabore à l'action en cas de risque pour la santé publique et d'autres évènements en fournissant des conseils et une assistance technique et en évaluant l'efficacité des mesures de lutte mises en place, y compris, le cas échéant, en mobilisant des équipes internationales d'experts pour prêter assistance* ».

Quelques observations :

- A ce niveau, un **cadre de concertation** est déjà mis en place. Il n'est pas superfétatoire de rappeler que le droit à la santé fait également partie du droit administratif international et donc les règles du droit administratif restent de mise. Et l'un des principes fondamentaux qui régit l'administration est qu'elle est **écrite**.

On peut conclure que le cadre de concertation décliné dans le paragraphe 3 de l'article 13 est formalisé **par écrit et validé** par l'ensemble des parties.

- Par ailleurs, par cette procédure, et conformément au paragraphe 3 de l'article 13 RI (2005), l'OMS arrête le plan ou l'idée de plan de redressement avant la fin de la période d'observation. Vu que ce plan de redressement pourra être réajusté en cas de USPPI.
- ***« L'évaluation des mesures mises en place »*** visée par le paragraphe 3 article 13 RSI (2005) démontre que les différents

plans d'action présentés au fur et à mesure par l'Etat concerné font :

- Font l'objet d'appréciation par les experts internationaux.
- Sont revus et corrigés.

De manière générale**, ces plans d'action sont « la base** » de départ du travail à mener par l'OMS. Ils participent à l'élaboration du Plan de redressement. Il est donc inconcevable pour un Etat Partie de recourir à l'OMS pour l'action sans que ces préalables n'aient pu être réalisés. Cela augure du bon sens et de la bonne compréhension des devoirs des Etats.

Ainsi, en se référant au paragraphe 3 de l'article 13 RSI (2005), le projet de plan de redressement sera donc présenté par l'OMS à l'Etat partie concerné avant la fin de la période d'observation.

La détermination des organes d'exécution du plan.

Conformément au paragraphe 4 de l'article 13 RSI (2005) La décision de Directeur Général, de déclarer qu'il existe une urgence de santé publique de portée internationale et qui porte également sur le plan de redressement choisit :

- **L'OMS** : qui joue son rôle de « coordonnateur » des actions menées dans le cadre de la procédure de redressement. Il est chargé spécifiquement de mobiliser des « équipes » internationales d'experts qui devront intervenir. Ces équipes sont sous son contrôle et sa supervision.
- **L'Etat Partie concerné** à travers ses démembrements ou autorités nationales compétentes conformément au Règlement. Ces derniers mènent, pour le compte de l'Etat concerné, chacun dans son domaine, à la conduite et coordination des évaluations sur place (paragraphe 4 article 13 RSI (2005) ;
- **Les Etats Parties à l'OMS** sont parties à l'action coordonnée de l'OMS. Le risque de propagation était élevé, leur concours est requis pour soutenir, dans la mesure du possible l'action coordonné de l'OMS *(paragraphe 5 article 13).*

  De même le plan d'action ou de redressement de l'OMS peut être étendu aux Pays affectés ou menacés *(paragraphe 6 article 13 RSI (2005).*

Le maintien des autres organes

Le Directeur général demeure en fonction *(dans le cadre de la procédure RSI)* le temps nécessaire à la constatations l'urgence de santé publique de portée international aurait pris fin.

De même que le **Comité d'urgence** qui sera saisi pour les mêmes questions conformément à la procédure énoncée à l'article 49 RSI (2005).

3- Conditions d'exécution du plan

La bonne exécution du plan de redressement est soumise à certaines conditions relatives aux personnes soumises au plan et à sa durée.

a) Les personnes soumises au plan

Désignation des personnes tenues d'exécuter le plan. Le plan désigne nécessairement *les personnes* tenues de l'exécution et mentionne l'ensemble des engagements qui ont été souscrits par elles et qui sont nécessaires pour permettre à l'Etat de se doter des capacités minimales requises selon le Règlement.

A ce niveau, que **les plans d'action** précédemment fournies seront appréciés pour savoir ***qui devait faire quoi ? dans quelles conditions*** **?**

b) La durée du plan

Le plan de redressement est fixé pour une durée illimitée, « jusqu'à la décision du DG constatant que l'urgence de santé publique à portée internationale a réellement - et dans les formes et prescriptions prévues au paragraphe 5 de l'article 12 – pris fin.

c) Exécution du plan

i. Le contenu du plan de redressement

Conformément au paragraphe 4 de l'article 13 RSI (2005), l'OMS offre :

- Outre le soutien indiqué au paragraphe 3 de l'article 13 RSI (2005) ;
- **Une assistance supplémentaire** à l'Etat partie, et notamment
- Évaluation de la gravité du risque international et de l'adéquation des mesures de lutte ;

- Elle peut également, au titre de cette collaboration, offrir de mobiliser une **assistance internationale** afin d'aider les autorités nationales à coordonner les évaluations sur place ?
- A la demande de l'Etat partie, l'OMS communique des informations à l'appui de cette offre ;

A l'analyse, d'un côté on a une **offre** faite par l'Institution mère l'OMS conformément au para. 4 de l'art. 13 RSI (2005). Selon les usages, une offre est faite et détaillée par écrit. Des engagements souscrits par l'OMS.

D'un côté, on a des **plans d'action** préalablement soumis par l'Etat partie concerné.

Les plans d'action de l'Etat partie concerné. On constatera que les plans d'action sont faits **au niveau national.** C'est le ou les document (s) de base. Les plans d'actions sont élaborés par l'ensemble des institutions concernées par la lutte contre la propagation internationale de maladies.

Le tableau ci-après met en lumière les domaines concernés selon le RSI (2005) dans la lutte contre les pandémies

Encadré II. Domaines concernés par l'application du RSI (2005) (Précité)

Parmi les domaines concernés par l'application du RSI (2005) figurent :

- **L'environnement**
- **La santé publique**
- **Les ports, aéroports et postes-frontières internationaux (quarantaines comprises)**
- **Les douanes**
- **La sécurité sanitaire des aliments**
- **L'agriculture (santé animale comprise)**
- **La sécurité des rayonnements**
- **La sécurité chimique**
- **Les transports (y compris de marchandises dangereuses)**
- **La collecte, l'utilisation et la divulgation d'informations de santé publique**
- **Des activités des autorités et autres entités compétentes ay niveau intermédiaire (Etat, province ou région, par exemple) et locales concernant la santé publique**

(Tiré de : *Règlement sanitaire international (2005), Brève introduction à son application dans le cadre de la législation nationale*, janvier 2009, p 4.

Les plans d'actions doivent comporter les activités à mener par chacun de ces secteurs.

Toutefois, conformément au **paragraphe 3 de l'article 13 RSI (2005),** au niveau national, ces plans d'action peuvent **également** bénéficier de l'**expertise internationale** des équipes de l'OMS pour :

- *Des conseils et une assistance techniques ;*
- *L'**évaluation de l'efficacité des mesures de lutte mises en place,** y compris le cas échéant,*
- *La mobilisation des équipes internationales d'experts pour prêter assistance.*

A ce niveau, pour bénéficier de la collaboration de l'OMS à l'action, L'Etat partie concerné doit en faire la demande.

L'offre de l'OMS vient en quelque sorte en appui aux plans d'action nationaux. Vu qu'ils font l'objet d'évaluation et d'un arrimage aux exigences internationales par les équipes internationales d'experts. C'est dire que l'offre de l'OMS constitue le document de référence indiquant les Normes internationales obligatoires à appliquer.

L'offre de l'OMS de manière globale comprend *(conf. Paragraphes 3 & 4 de l'article 13 RSI (2005) :*

- Des conseils et une assistance techniques ;
- L'**évaluation de l'efficacité des mesures de lutte mises en place,** y compris le cas échéant ;
- La mobilisation des équipes internationales d'experts pour prêter assistance ;
- Une assistance supplémentaire à l'Etat partie pour l'**évaluation de la gravité du risque international et de l'adéquation des mesures de lutte** ;
- La mobilisation d'une assistance internationale afin d'aider les autorités nationales à conduire et coordonner les évaluations sur place.

Autre formalité : A la demande de l'Etat partie, l'OMS communique les informations à l'appui de cette offre.

Le plan de redressement arrêté sera ainsi conçu conformément aux prescriptions de l'offre de l'OMS, c'est-à-dire un document conforme aux Normes Internationales d'action de santé publique.

ii. Force juridique du plan.

Opposabilité à tous. Aux termes du paragraphe 4 de l'article 13 RSI (2005), la décision du Directeur Général de déclarer l'existence d'une USPPI conformément à l'article 12 et qui arrête le plan en rend les dispositions applicables à tous *(voir point 1-Nature juridique susvisé)*. La règle est générale et s'applique aux créanciers titulaires de sûretés ainsi qu'aux actionnaires et associés des entités concernées par la procédure.

Situation des garants. Dans le cadre de la procédure de Redressement – telle qu'envisagée par le RSI (2005) – les garants ne peuvent se prévaloir des remises et des délais du plan de sauvegarde.

Date de prise d'effet. Le jugement arrêtant le plan prend effet à sa date.

Le DG de l'OMS qui arrête le plan demeure compétent pour connaitre des conditions de son exécution.

Voies de recours. L'arrêt du plan de sauvegarde est susceptible de la même voie de recours que celle engagée pour la décision de déclarer ou non l'existence d'une USPPI (paragraphe 7 de l'article 49) c'est-à-dire l'Opposition.

Section 4. Poursuite de l'activité

La procédure de redressement (des USPPI) qui découlent du RSI (2005) a ceci de particulier qu'elle touche plusieurs domaines d'activités à la fois – domaines qui en principe sont détaillés dans les plans d'action transcris à l'OMS - et concerne les « *structures et ressources nationales existantes* » (para. 1 partie A de l'Annexe 1). Au départ, on considère que le nombre d'entreprises viables et en difficulté qui interviennent ou doivent intervenir dans l'action de santé publique contre la propagation internationale des maladies est indéterminé. Pour le cas particulier des entreprises en difficulté - qui interviennent ou doivent par nécessité intervenir – elles doivent, conformément aux dispositions pertinentes du RSI (2005), préalablement être « **redressées** » - vu qu'elles sont partie intégrante **des ressources et structures nationales existantes au moment non seulement de la mise en œuvre du Règlement Sanitaire Internationale (RSI (2005) mais aussi et surtout au moment de la survenance de l'urgence de santé publique de portée internationale (USSPI).** À cet effet, l'arsenal déployé par l'OMS et les institutions compétentes est de nature à remettre sur pied des structures défaillantes – surtout celles dont l'importance, dans le projet d'action contre la propagation internationale des maladies, est avérée[98].

Selon les dispositions de l'article 112 AUPCA alinéa 1 : *« en redressement judiciaire, l'activité est continuée avec l'assistance du **syndic** »*. Donc contrairement à OHADA, dans le cadre du RSI (2005) l'activité se poursuit avec l'assistance de l'Organisation Mondiale de la Santé (**OMS**) (cf. Article 13 al. 3 & 4 RSI (2005). Ce n'est plus le syndic mais l'OMS[99].

De même, selon le RSI (2005), les entreprises en difficulté incorporées dans le plan de redressement sont, en effet, redevenues *in bonis* et, en principe, dès lors toutes sont placées sous assistance de l'OMS pendant la période de l'USPPI conformément aux dispositions du paragraphe 3 de la partie A de l'annexe 1 selon lequel ***« les Etats parties et l'OMS soutiennent sur demande les processus d'évaluation, de planification et de mise en œuvre prévus dans la présente annexe ».*** **Ici, pour certaines d'entre elles, le droit commun des procédures collectives d'apurement du passif reprendra son empire[100] dès que l'USPPI prendra fin. Pour d'autres, notamment celles qui concernent le domaine de la santé publique, la situation se veut un peu plus délicate** et donne lieu à de nombreuses controverses (objet d'une analyse dans un précédent ouvrage « ***Plaidoyer sur la pandémie : problématique du médicament en Afrique subsahérienne : cas du Cameroun »,*** EUE, 2020, 17 Meldrum Street, Beau Bassin 71504, Mauritius,). Dans cet ouvrage, nous nous interrogions déjà sur le sort réservé aux entreprises du secteur de la santé en difficulté et notamment des industries pharmaceutiques avec l'avènement du « nouveau » Règlement Sanitaire International (RSI (2005)) et de sa série

[98] Nous pouvons citer les industries pharmaceutiques. La crise sanitaire du COVID-19 a donné une fois de plus l'occasion de voir comment ce secteur a été le théâtre de batailles impliquant les Etats, les granges firmes etc. pour la mise sur le marché de médicaments et de vaccins anti-COVID 19.

[99] Cf. également l'article 114 AUPCAP sur le rôle des dirigeants dans la poursuite d'activité.

[100] Le Cameroun et l'ensemble des pays de la zone CEMAC faisant partie de l'espace OHADA.

d'innovations. Il ressort des nombreuses procédures mises en place par le RSI (2005) des dispositions propres au solutionnement des difficultés que connaissent certaines structures et ressources nationales *(par exemple : des dispositions autorisant l'OMS à prendre en considération les rapports officieux sur des évènements de santé publique de portée internationale et à obtenir de ceux-ci par les Etats Parties ; des procédures pour que le Directeur général détermine l'existence d'une « urgence de santé publique de portée internationale » et formule des recommandations temporaires correspondantes après avoir tenu compte de l'avis d'un Comité d'urgence ; l'obligation pour les Etats Parties de développer des capacités essentielles minimale en santé publiques etc.*)[101], autant de dispositions contraignantes pour les Etats Parties au niveau International – surtout lors de la survenance d'un pandémie - qui conduisent à repenser et à réadapter le droit commun des procédures collectives applicables à l'espace OHADA aux normes pertinentes du RSI (2005). Toutes ses préoccupations et bien d'autres nous ont conduit à admettre que le RSI (2005) traite d'un régime nouveau et spécial de certaines difficultés et notamment des difficultés des entreprises.

Ainsi, donc pour celles des structures et ressources nationales existantes – comme précisé au paragraphe 1 de la Partie 1 de l'annexe1- **relevant du domaine de la Santé elles resteront soumises à un régime spécial de traitement des entités de Santé publique (qui tient compte des prescriptions de l'Organisation Mondiale de la Santé (OMS) et partant du RSI (2005).** Toutefois, Il n'empêche qu'il s'agit encore de structures économiques fragilisées et que le souci d'assurer leur redressement peut conduire à tempérer l'application des règles de

[101] (Avant-propos RSI (2005)) Le RSI (2005) contient une série d'innovations, notamment a) une portée qui n'est pas limitée à une maladie ou à un mode de transmission donné mais qui couvre « une pathologie humaine ou une affection, quelle que soit l'origine ou la source, ayant ou susceptible d'avoir des effets nocifs importants pour l'être humain » ; b) l'obligation pour les Etats Parties de développer des capacités essentielles minimale en santé publiques ; c) l'obligation pour les Etats Parties de notifier à l'OMS les événements susceptibles de constituer une urgence de santé publique de portée internationale conformément aux critères définis ; d) des dispositions autorisant l'OMS à prendre en considération les rapports officieux sur des évènements de santé publique de portée internationale et à obtenir de ceux-ci par les Etats Parties ; e) des procédures pour que le Directeur général détermine l'existence d'une « urgence de santé publique de portée internationale » et formule des recommandations temporaires correspondantes après avoir tenu compte de l'avis d'un Comité d'urgence ; f) la protection des droits de l'homme pour les voyageurs et autres personnes ; et g) la création des points focaux nationaux RSI et de points contact RSI à l'OMS pour des communications urgentes entre les Etats Parties et l'OMS.

gestion ordinaires. Pendant la période d'exécution du plan les principes suivants seront mis en exergue :

- **Principe de gestion directe.** Avec *« les conseils et l'assistance techniques »* de l'OMS (paragraphe 3 article 13), « la mobilisation d'une assistance internationale afin d'aider les autorités nationales à conduire les évaluations sur place (para. 4. Article 13), l'activité se poursuit sous la direction des Chefs d'entreprise, et éventuellement, sous l'assistance d'un ou de plusieurs experts (en traitement des difficultés d'entreprise) – au cas où « la » structure aurait esté en justice – ou au cas où l'Etat aurait désigné « un » chargé de la poursuite des affaires courantes ;
- **Poursuite des contrats.** Les contrats se continuent et sont soumis au droit commun des conventions mais ;
- Les ventes effectuées – pendant la période de redressement- doivent respecter les axes généraux fixés dans le plan.

I. Mise en œuvre de la réorganisation de l'entreprise

Il ressort des dispositions du paragraphe 4 de l'article 13 RSI (2005) que :

> *Si l'OMS, en* ***consultation*** *avec les Etats Parties concernés conformément à l'article 12, établit qu'il existe une urgence de santé publique de portée internationale, elle peut offrir, outre le soutien indiqué au paragraphe 3 du présent article, une* ***assistance supplémentaire*** *à l'Etat Partie, et notamment* ***une évaluation de la gravité du risque international et de l'adéquation des mesures de lutte****. Elle peut, au titre de cette* ***collaboration****, offrir de* ***mobiliser*** *une* ***assistance internationale*** *afin d'aider les autorités nationales à conduire et coordonner les évaluations sur place. A la demande de l'Etat Partie, l'OMS communique des informations à l'appui de cette offre.*

Il est quelque chose de spécifique au cas des structures en difficulté - dans le cadre de l'application des mesures envisageables au sens du paragraphe 4 de l'article 13 RSI (2005) - : c'est que l'intervention de l'OMS et du système international de lutte mis en place pour la lutte appelle à une RÉORGANISATION des structures concernées, notamment à travers :

- **D'une part, l'arrimage** des normes – d'usage – **aux Normes RSI (2005).** Le texte fait référence à *« l'évaluation de la gravité du risque international et l'adéquation des mesures de lutte » et,*
- **D'autre part, l'accompagnement de l'assistance internationale** visant à « *mobiliser une assistance internationale afin d'aider les autorités nationales à conduire et coordonner les évaluations sur place* ».

Tout est fait comme si l'OMS et le système international mis en place viennent réparer ce qui a été « gâté ».

Toutefois, pour le cas - des structures nationales en difficulté – qui nous intéresse, leur réorganisation nécessite **également** le respect scrupuleux des axes fixés par le plan de sauvegarde ou plan de redressement.

La réorganisation de l'entreprise. Le débiteur doit mettre en œuvre les dispositions du plan de sauvegarde dont l'objet est la **réorganisation** de l'entreprise – **en tenant compte non seulement de l'arrimage des normes usuelles aux normes RSI (2005) mais aussi et surtout en mettant un point d'honneur à l'accompagnement de l'assistance internationale organisée par l'OMS** - afin de permettre la poursuite de l'activité économique, le maintien de l'emploi et l'apurement du passif. Le débiteur ou l'Etat concerné doit donc souvent procéder à une restructuration économique des entreprises ciblées (A), à une modification de la structure juridique de la personne morale (B) et à des compressions de personnel (si possible) (C). En toute hypothèse, le débiteur doit régler les créanciers selon l'échelonnement prévu par le plan car celui-ci demeure une technique d'apurement du passif.

A. La restructuration économique

L'évaluation requise. La restructuration économique dans le cadre du RSI (2005) devra d'abord faire l'objet de **-** *l'évaluation de la gravité du risque international et l'adéquation des mesures de lutte par l'OMS - c*onformément à l'article 13 alinéa 4 RSI (2005). C'est un préalable RSI à l'action. Il s'agit d'une évaluation qui permet de savoir si les initiatives engagées sont conformes aux normes et prescription du RSI.

Diversité des mesures économiques. Alors que le concordat – proposé par le débiteur au tribunal dans les procédures de droit commun des procédures collectives (cf. art 26 alinéa 11, 27[102], 119 de l'acte uniforme portant organisation des procédures collectives d'apurement du passif (AUPCAP)) - avait principalement pour objet de permettre au débiteur malheureux d'obtenir des délais de paiement et des remises de dettes, le plan de sauvegarde[103] comme l**e plan de continuation dans le redressement judiciaire est, avant tout, une mesure de sauvetage**. C'est pourquoi, le code du commerce français à son article L.626-1, alinéa 1er, énonce que le plan de sauvegarde comporte « s*'il y a lieu,*

---

[102] Article 27 AUPCAP : « *En même temps que la déclaration prévue à l'article 25 ci-dessus, ou au plus tard, dans les soixante (60) jours qui suivent la décision d'ouverture du redressement judiciaire, le débiteur doit déposer* ***un projet de concordat****.*

Ledit projet doit démontrer les perspectives de redressement de l'entreprise débitrice en fonction des possibilités et des modalités d'activités, de l'état du marché et des moyens de financement disponibles et doit également préciser les mesures et conditions envisagées pour son redressement, notamment :

- *Les éléments permettant d'établir la viabilité financière et économique de l'entreprise débitrice ;*
- *Les modalités de continuation de l'entreprise, telles que la demande ou l'octroi de délais et de remises ; la cession partielle d'actif avec indication précise des bien à céder ; la cession ou la location gérance d'une branche d'activité formant un fonds de commerce ; la cession ou la location-gérance de la totalité ou d'une partie de l'entreprise, sans que les modalités soient limitatives et exclusives les unes des autres ;*
- *Les noms, prénoms, qualités et adresses des personnes tenues d'exécuter le concordat et l'ensemble des engagements souscrits par elles et nécessaires au redressement de l'entreprise ;*
- *Les modalités du maintien et du financement de l'entreprise, du règlement du passif né antérieurement à la décision d'ouverture ainsi que, s'il y a lieu, les garanties fournies pour en assurer l'exécution ; ces engagements et garanties peuvent consister, notamment, en la souscription d'une augmentation du capital social par les anciens associés ou par de nouveaux, une conversion de créances en capital, l'ouverture de crédits par des établissements bancaires ou financiers ou par toute autre personne, y compris tout nouvel apport en trésorerie ou sous forme de nouveau bien ou service dans les conditions de l'article 33-1 ci-dessus ainsi que le montant de l'apport ou la valeur du bien ou du service ; la poursuite de l'exécution de contrats conclus antérieurement à la décision d'ouverture, la fourniture de cautions ;*
- *Le niveau et les perspectives d'emploi, ainsi que les licenciements pour motif économique qui doivent intervenir dans les conditions prévues par les articles 110 et 111 ci-dessous ;*
- *Le remplacement des dirigeants.*

Le projet de concordat de redressement judiciaire peut établir un traitement différencié entre les créanciers si les différences de situation le justifient. »

[103] **Plan de sauvegarde ou de redressement** : le plan de redressement est un programme qui, au cours d'une procédure collective, est présenté en vue d'organiser, soit la continuation ou le plan de cession de l'entreprise jusqu'à ce que le tribunal décide, soit de poursuivre le plan de continuation ou le plan de cession de l'entrepris, soit d'en prononcer la liquidation.

l'arrêt, l'adjonction ou la cession d'une ou plusieurs branches d'activités.

S'agissant de l'arrêt ou de l'adjonction de branches d'activité, la jurisprudence française donnait quelques exemples de ce type de restructuration pour les plans de restructuration. Les tribunaux ordonnent par exemple, qu'il soit mis fin à des activités peu rentables ou, au contraire, exigent une diversification de l'exploitation en s'attachant à développer les marchés plus porteurs. Cet interventionnisme économique ne soulève guère de problèmes juridiques, la difficulté réelle consistant à assurer l'exécution concrète de la décision de justice.

S'agissant de la cession, en droit français elle ne peut porter que sur une plusieurs branches d'activités et non sur l'intégralité de l'entreprise[104]. Alors que la doctrine hésitait sur les effets d'un plan de continuation avec cession partielle, la question est maintenant tranchée puisque les cessions faites dans le cadre d'un plan de sauvegarde « sont soumises aux dispositions de la section 1 du chapitre II du titre IV ». Il conviendra donc que les cessionnaires intéressés déposent des offres d'acquisition comme dans le cas d'un plan de cession. Elles connaîtront le même régime juridique et devront échangées, selon la procédure prévue dans la liquidation judiciaire. Mais une cession intégrale n'est pas envisageable dans la procédure de sauvegarde :

Selon l'article 115 alinéa 1 AUPACAP « *En redressement judiciaire, la juridiction compétente, à la demande du ministère public, du syndic ou d'un contrôleur s'il en a été nommé, peut autoriser la conclusion d'un contrat de location-gérance lorsque la disparition ou la cessation d'activité, même provisoire, de l'entreprise est de nature à compromettre son* ***redressement ou à causer un trouble grave à l'économie, nationale, régionale ou locale dans la production et la distribution des biens et services.*** ».

Le recours à la location gérance est une mesure qui pourrait – conformément aux dispositions de l'article 13 alinéa 4 RSI (2005) - être requise lors d'une évaluation de la gravité du risque international. **Toute chose qui apparait comme une similitude entre le droit du RSI et le droit commun des entreprises en difficulté OHADA.**

Selon la partie A de l'annexe 1 du RSI (2005), l'OMS et les Etats Parties soutiennent sur demande les processus d'évaluation, de planification et de mise œuvre au niveau locale, intermédiaire et nationale. Ce qui ne porte nullement atteinte à la cession d'une ou plusieurs branches d'activités telle que convenus dans les plans d'action.

B. Restructuration juridique

Cette partie concerne le cas d'une entité prise individuellement. Ce qui pourrait s'appliquer à d'autres entreprises.

Le remplacement des dirigeants. *(cf. 127-1 AUPCAP OHADA)* En principe, l'activité est poursuivie par le débiteur.

S'il s'agit d'une *personne physique, le débiteur* est simplement surveillé par le commissaire à l'exécution ou contrôleur du plan mais le tribunal ne peut ordonner de remplacement.

En revanche, si l'entreprise en difficulté est une *personne morale*, le tribunal a pu imposer dans le plan l'inaliénabilité de certains biens.

Modification des statuts. L'article L. 626-15 du code de commerce français énonce que le plan mentionne les modifications des statuts nécessaires à la réorganisation de l'entreprise. Elles sont intégrées dans le plan de sauvegarde. C'est en principe les dirigeants qui devront procéder à la convocation de l'assemblée dans le cas où le plan envisagerait une augmentation de capital car ils demeurent « maîtres de la situation de la société ». L'article L. 626-16, dans un souci de pragmatisme précise cependant, qu'en cas de nécessité, le jugement qui arrête le plan donne mandat à l'**administrateur** de convoquer les assemblées dans les formes et délais prévus aux articles R. 626-1 à 626-3 du code de commerce pour mettre en œuvre les modifications prévues par le plan. L'administrateur n'intervient qu'en cas de carence des organes sociaux. **Le droit des sociétés prime sur le droit des procédures collectives.** Le tribunal ne peut se substituer à l'assemblée des associés et imposer l'augmentation de capital et la modification corrélative des statuts. Si l'assemblée ne les décide pas, à la majorité légale, il y a lieu de prononcer la résolution du plan de sauvegarde, et par conséquent, de décider de la liquidation de l'entreprise ou éventuellement, depuis l'ordonnance française du 18 décembre 2008, un redressement judiciaire. Pareillement, l'assemblée est libre de décider ou non de la suppression du droit préférentiel de souscription.

Le législateur a voulu ainsi limiter l'atteinte apportée au droit des sociétés en laissant aux seuls associés le droit de décider une restructuration de l'entreprise.

Ce qui est prévu en droit français trouve le même écho dans l'espace OHADA conformément à l'article 119-2 AUPCAP[105].

Réalisation concrète de l'augmentation de capital. En principe, l'assemblée décide des modalités de l'augmentation de capital conformément aux règles habituelles. En réalité, l'article L. 626-3 du Code de commerce précité ne prévoit que deux façons de procéder. **L'augmentation de capital ne peut se faire que par apports en nature. Les apports en numéraire effectués par les nouveaux associés ou actionnaires doivent être libérés dans le délai fixé par le tribunal**. En cas de libération immédiate, les associés peuvent aussi, selon l'article L. 626 – 17, « *bénéficier de la compensation à concurrence du montant de leurs créances admises et dans la limite de la réduction dont elles sont l'objet dans le plan sous forme de remises et de délais* ». Cette admission de la compensation est fondamentale car elle permet à des créanciers antérieurs de « rentrer dans le capital » de la société en difficulté et de recevoir des droits sociaux en contrepartie de leurs créances. Ces créanciers seront d'ailleurs souvent des associés qui feront ainsi apport de leurs comptes courants d'associés.

Cette technique présente le double avantage pour ces créanciers d'obtenir un paiement immédiat de leurs créances et d'acquérir des fractions de capital ou de les accroître. Mais, n'y a-t-il pas là une rupture de l'égalité entre créanciers ? Nous ne le pensons pas car ces créances ne sont prises en considération que pour leur montant et en fonction de délais prévus par le plan et la compensation est clairement prévue par

---

[105] Article 119-2 AUPCAP : « Lorsque le projet de concordat de redressement judiciaire prévoit une modification de capital social, le syndic demande au conseil d'administration de la personne morale débitrice, au président de la société par actions simplifiées ou aux gérants, selon le cas, de convoquer l'assemblée générale extraordinaire ou l'assemblée des associés. Si cette convocation n'est pas intervenue dans le délai de quinze (15) jours suivant la demande du syndic, celui-ci y procède lui-même.
Les engagements pris par les actionnaires ou associés ou par de nouveaux souscripteurs sont subordonnés dans leur exécution à l'homologation du concordat de redressement judiciaire par la juridiction compétente.
Les actionnaires ou associés apporteurs dans le cadre de l'augmentation de capital social prévue par le projet de concordat de redressement judiciaire peuvent bénéficier de la compensation à concurrence du montant de leurs créances admises et dans la limite de la réduction dont elles sont l'objet dans ledit projet.
Les clauses d'agrément sont réputées non écrites. »

la loi. En outre, elle n'est admise, à la différence du droit antérieur qu'en cas de libération immédiate du capital et dans la limite de la réduction dont elles font l'objet dans le plan. Enfin la loi du 22 octobre 2010 française[106] favorise la conversion des créances en capital.

Autres mesures de restructuration juridique. Le législateur n'envisage, dans le cadre de la modification des statuts des personnes morales que l'augmentation de capital mais le tribunal pourrait parfaitement prévoir d'autres mesures dès lors qu'elles ne portent pas atteinte à l'existence même de la personne morale. Ainsi, n'est-il pas rare que le plan soit subordonné à un changement de forme de SARL à la SA et, plus fréquemment, l'inverse, la structure de la société anonyme étant démesurée par rapport à l'entreprise considérée. **Le plan pourrait prévoir la création des filiales auxquelles seraient apportées certaines branches d'activités de la société-mère**. Mais, en toute hypothèse ces mesures sont subordonnées à une décision des associés. Les pouvoirs du tribunal sont ici également limités. Ils sont en revanche, relativement importants en ce qui concerne la structure du personnel.

C. Les mesures de licenciement [107]

Droit commun des licenciements économiques. Les licenciements pour cause économique sont effectués dans la procédure de sauvegarde selon les règles habituelles du Code de travail. La procédure simplifiée ne s'applique pas. C'est également ce qui ressort **de l'article 110** de l'Acte uniforme OHADA sur les procédures collectives d'apurement du passif (AUPCAP).

A ce niveau, le cas français est intéressant car il permet d'établir les responsabilités.

A ceci, depuis la loi française du 2 août 1989, les salariés licenciés bénéficient d'une priorité de réembauchage. Un contrat de conversion doit également leur être proposé.

---

[106] La législation française bien plus élaborée en droit français dans le domaine des procédures collectives.

[107] Corinne SAINT-ALARY-HOUIN, *Droit des entreprises en difficulté,* Montchestien, Paris, 7e ed., P.P. 609 à 612.

Prise en charge de l'AGS[108]. Seuls les licenciements pour cause économique effectués dans le mois de l'arrêt du plan sont couverts par l'AGS, et dans la mesure du plafond légal prévu par l'article D. 3253-5 du Code du travail. Les indemnités de rupture liées aux licenciements pour motif personnel sont exclues de la garantie.

L'AGS ne règle pas aux salariés toutes les sommes dues au jour du jugement d'ouverture, à la différence du redressement et de la liquidation judiciaires, et prend seulement en charge les indemnités de rupture liées aux licenciements de la période d'observation et effectuées dans le mois du plan ainsi que la contribution financière due par l'employeur en cas d'acceptation d'une convention de reclassement personnalisé.

En outre, le recours à la garantie de l'AGS n'est pas automatique et le mandataire judiciaire, en raison du principe de subsidiarité, doit fournir, avec chaque relevé de créances, une attestation justifiant de l'insuffisance des fonds disponibles. En cas de contestation, le juge-commissaire est compétent pour trancher le litige.

Pour récupérer ses avances, l'AGS est subrogée, selon l'article L. 3253-16 du code du travail, dans les droits des salariés pour la totalité des sommes avancées. S'agissant des créances postérieures à l'ouverture de la procédure nées pendant la période d'observation, ce sont les créances privilégiées au titre de l'article L.622-17 du Code de commerce qui sont immédiatement exigibles.

Nouveaux licenciements. Lorsque, au cours de la phase d'exécution du plan, de nouveaux licenciements s'avèrent encore nécessaires, la majorité des auteurs considère qu'il faut apprécier leur importance par rapport aux objectifs sociaux, il convient de solliciter une modification substantielle du plan de sauvegarde. Dans le cas contraire, la procédure ordinaire de licenciement pour cause économique doit être suivie.

D. Le Règlement du passif

Le régime français du fait des ajustements dans ce domaine nous semble ici plus approprié. Et les cas traités dans les sections à venir concernent,

---

108 **AGS : Association pour la Garantie des salaires.** La cotisation patronale AGS permet, en cas de redressement ou liquidation judiciaire de l'entreprise de garantir le paiement des rémunérations, préavis et indemnités de salaires. Sources : www.urssaf.fr visité le 12/02/2024.

comme nous l'avons précédemment souligné, le traitement des entreprises en difficulté en droit commun. La seule condition requise étant qu'il ne soit pas contraire aux prescriptions prévues par le Règlement sanitaire international (RSI (2005)).

Innovations en France de la loi du 26 juillet 2005. Dans la procédure de sauvegarde, « il faut tout d'abord, espérer qu'en raison de l'ouverture anticipée de la sauvegarde, les entreprises bénéficiaires arriveront avec un montant du passif moins important qui favorisera l'élaboration du plan ». Il faut ensuite observer que le règlement du passif est différencié selon que le plan a été adopté par le tribunal sans que les comités de créanciers aient été constitués, ou, au contraire, à la suite d'un vote de ces comités. Cependant, même si ces comités d'établissements de crédit et des principaux fournisseurs ont été réunis, les autres créanciers sont soumis aux règles applicables en l'absence de comités. Par conséquent, il convient d'exposer le régime général de traitement du passif et le régime propre aux comités de créanciers avant d'envisager les conséquences d'un éventuel non-paiement des dividendes.

1. Le régime général de paiement du passif

Inscription des créances au plan. S'il a pour objet de permettre le sauvetage de l'entreprise, le plan de sauvegarde doit aussi organiser le règlement du passif et le débiteur doit effectuer les distributions des dividendes qu'il prévoit.

Dans cette perspective, les créances sont inscrites au plan et celui-ci doit prévoir le règlement de toutes les créances déclarées même si elles sont contestées. Cependant, il résulte de l'article L. 626-21 du code de commerce français que l'inscription d'une créance ne fait pas obstacle à son admission pour la somme déclarée même si elle est supérieure à celle qui a été inscrite puisque ce texte dit expressément que *« l'inscription d'une créance au plan et l'octroi de délais ou de remises par le créancier ne préjugent pas de l'admission définitive de la créance au passif »*. En revanche, si, par erreur, la créance n'est pas portée au plan, le créancier, peut demander la résolution de celui-ci. En outre, certaines créances échappent au plan, en raison de leur caractère personnel ou parce qu'elles constituent des salaires.

Le moratoire de paiement. Fondamentalement, le plan de sauvegarde s'analyse en un moratoire car il prévoit **un paiement différé ou une réduction des créances inscrites** au plan qui doivent cependant être précédés de la consultation des créanciers sur les remises et délais accorder. A ces deux points de vue, la jurisprudence, née à propose des plans de continuation en redressement judiciaire, a apporté des précisions intéressantes sur la situation des créanciers et elles sont transposables au plan de sauvegarde. A observer cependant, que certains d'entre eux échappent au sort commun et bénéficient d'un paiement immédiat.

a) Consultation des créanciers sur les remises et délais

Nécessité d'une consultation. Nous avons vu que les créanciers doivent être consultés, au cours de la période d'observation, **sur les remises et les délais** qui pourraient être accordés au débiteur, l'article L. 626-5 du Code de commerce français énonce que les propositions pour le règlement des dettes sont, au fur et à mesure de leur élaboration, transmises sous la surveillance du juge-commissaire par l'administrateur au mandataire judiciaire, aux contrôleurs, ainsi qu'au comité d'entreprise ou, à défaut, aux délégués du personnel.

Cette consultation est obligatoire et distincte de la procédure de vérification des créances. À la suite de cette consultation, le tribunal statue sur les remises et délais de paiement

b) Remises et délais de paiement

Octroi des remises. Le principe posé par l'article L. 626-18 Code de commerce précité est que le tribunal *donne acte* des remises et des délais acceptés par les créanciers dans les conditions prévues aux articles L. 626-5 et à l'article 626-6 c.c . français. Les remises ont un caractère volontaire et le tribunal ne pourrait imposer une remise de dette à un créancier réfractaire. Cependant, **la jurisprudence considère que, malgré leur caractère volontaire, les remises font partie de l'aménagement légal et judiciaire du passif et ne peuvent être assimilées à une remise de dette conventionnelle**. Elle en déduisait, sous l'empire du droit antérieur que la caution ne peut s'en prévaloir. Ce principe est abandonné en sauvegarde pour les personnes physiques, mais demeure pour les personnes morales. Quoi qu'il en soit, l'article L.626-19 code de commerce français dispose que « *la réduction de créance n'est définitivement acquise qu'après versement, au terme fixé, de la dernière échéance prévue par le plan* ». Il en résulte que la créance n'est éteinte que lorsque le débiteur a exécuté ses engagements, au regard du créancier en cause.

Délais de paiement. Le principe est celui de **l'égalité de traitement des créanciers dans le plan**. La continuation de l'entreprise ne se fait donc pas au détriment de ceux qui lui ont fait du crédit. Ils doivent être désintéressés dans les délais prévus **et leurs chances d'être réglés pourraient être accrues par l'introduction dans le plan d'une clause de retour à bonne fortune obligeant le débiteur à acquitter le passif impayé s'il se rétablissait.**

Ces délais et remises peuvent, le cas échéant, être *réduits* par le tribunal – ce qui est rare – mais ne peuvent être augmentés.

En revanche, aux autres créanciers qui n'ont pas donné leur accord, le tribunal impose des *délais uniformes de paiement,* sous réserve, en ce qui concerne les créances à terme, des délais supérieurs stipulés par les parties avant l'ouverture qui ne peut excéder la durée du plan. Il s'agira par exemple d'un prêt de longue durée dont les remboursements seraient étalés sur une durée supérieure à celle du plan de sauvegarde. Le tribunal fixe librement les modalités de versement des dividendes et il peut, par exemple, prévoir un paiement annuel[109].

L'article L. 626-19 code de commerce français énonce aussi que le plan peut prévoir un choix pour les créanciers comportant un *paiement dans les délais uniformes plus brefs mais assorti d'une réduction proportionnelle de la créance*. Ces délais ne peuvent alors excéder la durée du plan. La réduction de la créance n'est acquise qu'après versement de la dernière échéance prévue par le plan et, en cas d'échec du plan, le créancier n'est plus lié par la réduction de créance qu'il a consentie. Il est très fréquent que l'administrateur propose un tel choix aux créanciers qui ont souvent intérêt à être payés moins, mais plus vite et qui peuvent comptabiliser un abandon partiel de la créance.

Ce plan d'apurement est opposable à tous les créanciers, même en cas de décès du débiteur bénéficiant du plan et à l'égard des associés d'une société civile.

Depuis la loi française du 26 juillet 2005, les personnes physiques coobligés ou ayant fourni au débiteur une sûreté personnelle ou ayant affecté ou cédé un bien en garantie peuvent se prévaloir des remises et des délais.

---

[109]Corinne SAINT-ALARY-HOUIN, *Droit des entreprises en difficulté, ibid.*, p. 614 – 615.

La longueur des délais est, en pratique, très variable selon les juridictions. Elle se situe, en moyenne, dans **une fourchette de cinq à dix ans.** Ces délais sont longs et entrainent une érosion du montant nominal des créances. C'est pourquoi, la loi française du 10 juin 1994 a exigé dans le souci d'accroître les chances de paiement des créanciers **que la *durée du plan* ne dépasse pas dix ans sauf pour un agriculteur où elle peut atteindre quinze ans**. Mais cette disposition n'est pas vraiment protectrice des créanciers puisque les délais peuvent excéder la durée du plan.

Crédit-bail. Depuis la loi française du 10 juin 1994 sont prévues aussi des dispositions particulières au contrat de crédit-bail. L'article L. 626-18 code de commerce français, alinéa 3, énonce en effet, *que « ces délais prennent fin si, avant leur expiration, le crédit-preneur lève l'option d'achat. Celle-ci ne peut être levée si, sous déduction des remises acceptées, l'intégralité des sommes dues en vertu du contrat n'a pas été réglée* ». Désormais donc, le crédit-preneur ne peut lever l'option qu'en exécutant le contrat de crédit-bail. Il s'agit là d'un avantage considérable pour l'organisme de crédit-bail qui est payé de l'intégralité de sa créance et échappe ainsi aux délais de paiement.

Créanciers « récalcitrants ou négligents ». La détermination de ces remises et délais a donné lieu à de graves hésitations en jurisprudence, qu'il s'agisse de la possibilité de les différencier en fonction du comportement du créancier ou de la nature de sa créance ou encore de la faculté d'imposer une remise de dette.

D'une part, en effet, de nombreuses juridictions se sont interrogées sur la possibilité d'accorder des délais différenciés selon que les créanciers consultés se sont montrés *récalcitrants* ou selon qu'ils ont, au contraire, donné leur accord aux délais proposés. Sur cette question, les juridictions se sont opposées et les réponses doivent être nuancées.

Il est désormais admis que les créanciers que peuvent se voir imposer des délais plus longs. L'article L.626-18 code de commerce français interdit au tribunal, à défaut d'accord du créancier, de réduire sa créance et d'imposer des délais différenciés. Il ne peut prévoir que délais uniformes de paiement comme l'ont rappelé de nombreuses juridictions et le juge-commissaire ne saurait refuser le droit aux intérêts de retard à un créancier qui n'aurait pas accepté les propositions de redressement présentées par le débiteur.

Cependant, certaines cours estiment équitable de sanctionner les créanciers récalcitrants au motif que la solution inverse conduit à les traiter mieux que les créanciers qui ont accepté des remises car ils seront payés intégralement. Cette analyse nous paraît toutefois inexacte car la loi ne comporte pas « de trace d'un esprit de pénalisation des créanciers réfractaires » et ceux –ci ne peuvent se voir imposer des délais uniformes s'ils n'acceptent pas de réduction de leurs créances.

Dans le même ordre d'idées, si les créanciers ne répondent pas à la *consultation écrite* que leur adresse le mandataire judiciaire, ils peuvent se voir imposer des délais plus longs par le tribunal en guise de punition et un arrêt de la Cour de Toulouse du 12 septembre 1988 a justement censuré un jugement du Tribunal de Commerce de Toulouse, ayant admis le contraire. Mais, en revanche, les créanciers qui ont accordé des remises ou des délais peuvent les voir réduire par le tribunal à titre de faveur, ce qui aura pour effet de mieux les traiter que les créanciers récalcitrants.

Créanciers titulaires de sûretés. D'autre part, certains tribunaux ont pensé pouvoir soumettre les créances assorties de sûreté à des délais plus brefs que ceux des créances chirographaires. Une telle pratique nous parât constituer aussi une violation flagrante de l'article L. 626-18 du code de commerce français qui prévoit ces délais uniformes de paiement sans distinction et a été censurée par la plupart des Cours d'appel.

c) Modalités de paiement

Distribution des dividendes. Le tribunal dispose d'une assez grande liberté pour définir les modalités du paiement des dividendes arrêtés par le plan. Il peut, par exemple, prévoir un règlement annuel, tout en exigeant du débiteur des provisions mensuelles. Il a la faculté de reporter l'essentiel des remboursements sur les dernières années d'exécution du plan de sauvegarde. Mais progressivement, le législateur a accru les contraintes pesant sur le versement des dividendes afin de protéger les créanciers contre un report excessif des paiements sur la fin du plan.

L'article L. 626-18 code de commerce français, alinéa 2, énonce ainsi que « le premier paiement ne peut intervenir au-delà d'un délai d'un an » à compter du jugement arrêtant le plan. Seront ainsi interdites les périodes de franchise trop longues.

La loi française du 22 octobre 2010 a ajouté qu' « *au-delà de la troisième année, le montant de chacune des annuités prévues par le plan ne peut, sauf dans le cas d'une exploitation agricole, être inférieur à 5% du passif admis* ».

Si, en principe, *« les paiements prévus par le plan sont portables »,* le tribunal peut en décider autrement et exiger que le créancier vienne réclamer le paiement des dividendes.

La Cour de cassation française dans un souci de protection a considéré que le créancier bien que n'ayant pas demandé ses dividendes pendant quatre ans, pouvait les réclamer car *« la loi du 25 janvier 1985 ne prévoit aucune déchéance ou forclusion relative aux demandes tardives de paiement de dividendes échus, et que seules les règles de la prescription font obstacle à de telles demandes »*[110].

Mais, alors que certaines propositions de loi prévoyaient que le plan pourrait assortir les créances d'*intérêts* pendant les sept premières années du plan et que ces intérêts seraient et obligatoires sept ans après, cette disposition n'a pas été voté[111]e et les créances portées au plan ne produisent pas d'intérêts[112]. En revanche, il a été jugé que le créancier a droit au paiement des intérêts de retard prévus par le contrat si le plan impose des délais de remboursement d'un prêt supérieur à un an, plus longs que ceux qui avait été prévus[113].

Répartition des dividendes. Les sommes sont payées entre les mains du commissaire à l'exécution du plan qui procède à leur répartition. Le paiement des créances peut se faire par compensation.

Si, en principe, les sommes à repartir correspondant à des créances litigieuses ne sont versées qu'à compter de l'admission définitive de ces créances au passif, la juridiction saisie du litige peut décider que le créancier participera à titre prévisionnel, en tout ou en partie, aux répartitions faites avant l'admission définitive.

---

[110] Cass. com., 22 oct .1996, *D.aff.* 1997, n°1, p. 27.

[111] Cf... le texte prévoyait que le taux d'intérêt ne pourrait être inférieur au taux légal.

[112] C'est pourquoi un créancier qui a omis de déclarer les intérêts de sa créance ne peut essayer « de les récupérer » en prétendant que la créance inscrite au plan en capital produit des intérêts (Cass. com., 23 nov. 2004, RTD, com. 2005, p. 595, obs. C. SAINT-ALARY-HOUIN).

[113] Cass. com., 14 oct. 1997, *Bull. civ. IV*, p. 229, D. aff. 1997, n°41, p. 135; RJDA 1/98, n°74. P. 46.

Certains créanciers échappent cependant à ce sort commun et bénéficient d'un paiement immédiat.

d) Paiement immédiat de certains créanciers

Situations dérogatoires. Par exception à la règle précédemment posée, la loi prévoit que deux catégories de créanciers *échappent au principe de l'égalité* : **les salariés et les « petits créanciers chirographaires »**. Il en est de même, implicitement, des **créanciers titulaires de suretés au cas de vente d'un bien grevé et des revendiquants**.

Salariés. La loi permet clairement, tout d'abord, un paiement immédiat des créances salariales privilégiées et super-privilégiées. Elles doivent être payées sans remises, ni délais. La règle est générale pour les créances super-privilégiées et elle bénéficie, en droit français, à l'AGS lorsqu'elle réclame, par subrogation aux salariés désintéressés, le paiement des créances qu'elle a avancées. Est, par conséquent, entaché de nullité, comme l'ont exactement jugé certaines juridictions de fond, le plan imposant à l'AGS un règlement progressif de sa créance super-privilégiée. Ce paiement immédiat ne peut en revanche, être réclamé que par les seuls salariés impayés lorsqu'il s'agit de créances simplement privilégiées.

Petites créances chirographaires. Toujours par application de l'article L. 626-20 du code de commerce français, ne peuvent également faire l'objet de remises ou de délais, dans la limite de 5% du passif estimé, les créances les plus faibles prises dans l'ordre croissant de leur montant et sans que chacune puisse excéder un montant, fixé par l'article R. 626-34 du Code de commerce français à plus de 300 €. Cette exception ne joue cependant pas lorsque le montant des créances détenues par une seule personne excède un dixième de ce pourcentage, soit 0,5% du passif estimé. Une telle disposition a pour objet d'assurer un certain désintéressément des créanciers chirographaires, mais il ne semble pas qu'elle présente un grand intérêt pratique.

Créanciers inscrits et revendiquants. Outre, ces deux dérogations expresses au paiement différé, il faut rappeler qu'un paiement immédiat est également possible au profit des créanciers inscrits en cas de vente du bien grevé de leurs sûretés. L. 626-22 du code de commerce français admet qu'ils peuvent recevoir un paiement anticipé, suivant l'ordre de préférence existant entre eux, en précisant que **le montant de leurs**

créances est susceptible d'être réduit en fonction de ce paiement anticipé.

En outre, les créanciers revendiquants, par le fait même qu'ils peuvent récupérer le bien vendu ou loué dont ils sont restés propriétaires échappent au plan, ce qui explique l'essor des location-vente, du crédit-bail et des réserves de propriété. Sur le même fondement, le gagiste qui peut se faire attribuer le gage ou qui peut, en période d'observation, réclamer le retrait, échappe au sort commun. À ces différents égards, en France, la loi du 25 janvier 1985 a aggravé le caractère inégalitaire des procédures et la loi du 10 juin 1994, n'a fait qu'accentuer un mouvement que la loi du 26 juillet n'a pas contrarié.

2. Le traitement du passif en présence de comités de créances

Paiement des créanciers membres des comités. Lorsque le plan de sauvegarde est arrêté après un vote des comités de créances, les créanciers membres de chaque comité peuvent consentir des remises de dettes et des délais de paiement qui peuvent être supérieurs à ceux du plan. En outre, toutes les dispositions restrictives : limitation de la période de franchise à un an, exigence d'un règlement de 5% à partir de la troisième année... sont écartées de sorte que la liberté d'arrêter un plan est totale. La réunion des comités des créanciers peut avoir pour résultat d'accroître le sacrifice qu'ils acceptent d'autant que le vote s'impose à tous les membres du comité et, par conséquent, aux créanciers minoritaires. Le tribunal arrête le plan conformément au projet adopté et selon les modalités de la section 2 du chapitre VI du code de commerce français, c'est-à-dire selon les règles ordinaires. Le tribunal ne peut modifier ce qui a été voté.

Dès lors, il y a lieu de s'interroger sur la nature des remises ainsi consenties. Sont-elles toujours de nature judiciaire ? Certes, elles sont consenties dans le cadre de la procédure de sauvegarde. Elles peuvent, en outre, être imposées à la minorité par la majorité. Mais, elles sont voulues et votées. Dès lors leur caractère volontaire est plus marqué d'autant que le tribunal ne ^peut les réduire ou les accroître. Il n'est pas exclu que les personnes morales qui se sont portées cautions puissent s'en prévaloir.

S'agissant des délais de paiement, ils sont librement accordés par les créanciers qui votent au sein des comités et, notamment, la franchise d'un an ou le règlement de 5% chaque année peut ne pas s'appliquer.

En revanche, le règlement concret des créances dont le paiement est échelonné se fait selon les modalités de droit commun par l'intermédiaire du commissaire à l'exécution. Mais les créanciers pourraient, nous semble-t-il renoncer à la portabilité des dividendes pour faciliter l'exécution du plan de sauvegarde.

3. L'inexécution des paiements prévus par le plan

Non-paiement des dividendes. Ceci précisé, se pose en pratique la question de savoir quelles sont les *voies de recours* accordées au créancier lorsqu'il n'est pas payé à l'échéance prévue. Il est certain, en application de L. 626-27 du code de commerce français que, si le débiteur n'exécute pas ses engagements financiers, un créancier peut saisir le tribunal **aux fins de résolution du plan**.

La loi française du 26 juillet 2005 a également prévu, dans le même texte, que si l'inexécution résulte d'un défaut de paiement des dividendes par le débiteur et que le tribunal n'a pas prononcé la résolution du plan, le commissaire à l'exécution du plan, procède conformément aux dispositions arrêtées à leur recouvrement. Par conséquent, le créancier est dispensé d'exercer des poursuites. Celles-ci sont mises en œuvre par le commissaire à l'exécution du plan. Cette innovation est de nature à améliorer la situation du créancier. Au lendemain de l'adoption de la loi de sauvegarde, la doctrine était divisée sur le point de savoir si cette obligation d'agir qui pèse sur le mandataire privait le créancier du droit de poursuite individuelle que la jurisprudence avait consacré en cas de non-paiement des dividendes dans le plan de continuation[114], y compris la voie du référé par provision[115]. Il ne semblait pas car le plan de sauvegarde ne dérogeait pas au droit commun. Tout créancier aurait dû conserver, en principe, son droit de poursuite pour les dividendes impayés, mais la question était discutée. L'ordonnance du 18 décembre 2008 a mis fin à toute hésitation car elle a ajouté à l'article L. 626-27 du code de commerce

[114] Cass. com., 14 mars 1995, D. 1995, *inf. rap*. p. 99 ; Paris, 3e ch. B, 8nov. 1991. *RJDA* 2/ 92, T. Com. Nice, 27 juin 1988 et T. com. Paris 21 mars 1989, *D.* 1991, somm. P. 11 obs. F DERRIDA ; *Rev. proc. coll.* 1991-3, p. 312, n°27, obs. B. SOINNE. V. sur la question dans son ensemble. C/ SAINT-ALARY-HOUIN et Ph. BLAQUIER-CIRELLI, « Le paiement en procédure collective », article préc.

[115] Réf. Paris, 21 mar 1989, *Gaz. Pal.* 27/28 oct. 1989, note J.-P. MARCHI, p. 19 ; *JCP* 1989, II, n° 7, obs. M. CABRILLAC ; *Rev. proc. coll.* 1991-3, p. 312, n° 27, obs. B. SOINNE.

français que le commissaire à l'exécution du plan est « seul habilité » à procéder au recouvrement des dividendes.

En revanche, tant que les échéances du plan sont honorées, il est certain que les créanciers ne peuvent exercer aucune poursuite individuelle[116] y compris contre les associés d'une société civile tant que celle-ci exécute le plan car ce sont des débiteurs subsidiaires.

Une autre difficulté a trait à l'admission de *délais de grâce* pour effectuer le paiement. Certaines juridictions ont considéré que les délais supplémentaires pouvaient être accordés au débiteur lorsqu'il et de bonne foi, c'est-à-dire lorsqu'il n'a pas été en mesure d'honorer ses engagements pour une raison particulière telle que le non-paiement de ses propres créances ou lorsque la résolution paraîtrait disproportionnée par rapport à ses difficultés et à sa bonne volonté établie.

Quoi qu'il en soit, ce contentieux révèle que, bien souvent, les créanciers se heurteront au fait que le débiteur ne parvient pas à exécuter le plan comme prévu. D'où la possibilité de demander sa modification.

II. Plan de Cession

Evolution législative en droit français. La loi française du 25 janvier 1985 prévoyait qu'à l'issue de la période d'observation, le tribunal arrêtait un plan de continuation ou un plan de cession. Ces deux plans étaient considérés comme des techniques de sauvetage de l'entreprise en difficulté, soit par le débiteur, soit par un tiers. Il n'était pas rare qu'au cours de la période d'observation, fussent représentés simultanément un projet de plan de continuation émanant du débiteur et une ou plusieurs propositions de cession faites par des candidats à la reprise. Ces différents projets étaient traités en même temps par l'administrateur ou le juge-commissaire. Le projet de loi de sauvegarde a voulu rompre avec cette conception et a considéré le plan de cession comme une technique purement liquidative : la vente des actifs moyennant un prix. C'est pourquoi**, il excluait tout rachat de l'entreprise dans la procédure de sauvegarde mais aussi dans la procédure de redressement judiciaire**.

Les règles relatives au plan de cession basculaient purement et simplement dans la liquidation judiciaire. Formellement, c'est un

[116] T. Ins. Nice, ord. 27 juin 1988, préc.

transport des règles du plan de cession dans la liquidation qui a été opéré et elles se trouvent exposées aux articles L. 642-1 à L. 642-18 du code de commerce français.

Cependant, **cette vision réductrice de la cession d'entreprise n'était pas partagée par tous et le parlement a réintroduit la possibilité de bâtir un plan de cession dans le cadre du redressement judiciaire**, mais a renvoyé aux dispositions de la liquidation pour la réaliser de sorte qu'il existe deux types de cessions : « la cession-redressement » et « la cession-liquidation ». Cette réinsertion du plan de cession de redressement judiciaire, confirmée par l'ordonnance français du 18 décembre 2008, nous paraît légitime, même si le caractère lacunaire de sa réglementation laisse de nombreuses questions en suspens.

A. Légitimité du plan de cession.

Utilité économique. Le plan de cession a donné lieu à des abus qui ont été justement dénoncés, mais il n'en demeure pas moins que le plan de cession dans le cadre du redressement judiciaire a permis d'assurer la pérennité de nombre d'entreprises et, particulièrement, d'entreprises importantes, et corrélativement de sauver beaucoup d'emplois. **Les dernières statistiques montrent que le redressement des entreprises importantes qui réussissent résultent plus souvent des plans de cession que des plans de continuation**. Le projet de réforme en réduisant le plan de cession à une mesure de liquidation l'amputait malencontreusement de **sa dimension salvatrice**.

> **D'un point de vue économique, en effet, le plan de cession s'appuie sur un *business plan* présenté par le repreneur et sur l'espoir d'assurer la continuité de l'exploitation alors que la publication de la liquidation a nécessairement un impact très négatif sur l'image de l'entreprise, sur son crédit et conduit à une perte de valeurs des actifs nuisible à tous et, particulièrement, aux créanciers.**

D'un point de vue psychologique, aussi, il est erroné d'assimiler, dans un souci de « clarté » et de « sécurité juridique », la cession à la liquidation. Certes, dans les deux cas, le débiteur est « **exproprié** », mais **en cas de cession, il n'est pas dessaisi**, il n'est pas « liquidé » alors que sa situation est beaucoup plus infamante dans la liquidation judiciaire. Dans bien des cas, en droit positif, le débiteur dont l'entreprise est cédée « sort la tête haute », d'autant qu'il propose lui-même fréquemment un repreneur avec lequel il s'est entendu pour demeurer comme salarié dans l'entreprise. **Le plan de cession ne réussit, en effet, qu'en associant le débiteur à la reprise. Son concours sera plus difficilement obtenu dans un cadre liquidatif**. C'est pourquoi, le plan de cession peut être préparé au cours de la période de redressement, mais son introduction au cours des débats préparatoires explique que sa réglementation soit assez lacunaire et soulève des difficultés pratiques dont certaines, cependant, ont été

> **Le plan de cession ne réussit, en effet, qu'en associant le débiteur à la reprise. Son concours sera plus difficilement obtenu dans un cadre liquidatif.**

levées par l'ordonnance française du 18 janvier 2008.

B. L'organisation du plan de cession

Entreprise « à vendre ». L'article L.631-13 du code de commerce français dispose que *« dès l'ouverture de la procédure, les tiers sont admis à soumettre à l'administrateur des offres tendant au maintien de l'activité pour une cession totale ou partielle de celle-ci selon les dispositions de la section I du chapitre II du titre IV ».* En d'autres termes, **dès l'ouverture de la procédure de redressement judiciaire, l'entreprise est à vendre et toute personne intéressée peut faire une offre d'acquisition**.

Renvoi à la liquidation. L'article 631-22 du code de commerce précité complète ce texte en énonçant qu'au vu du rapport de l'administrateur, le tribunal peut ordonner la cession totale ou partielle de l'entreprise « *si le débiteur est dans l'impossibilité d'en assurer lui-même le redressement »,* ce qui montre que la situation est « résiduelle ». Tout comme l'article L. 631-13 du même code, il prévoit que « l*es dispositions de la section I du chapitre II du titre IV sont applicables à cette cession* ». Par conséquent, les candidats à la reprise devront émettre des offres de cession qui seront examinées par le tribunal dans les conditions prévues pour l'élaboration du plan de cession dans la liquidation. Mais ce renvoie paraît limité aux modalités de la cession et ne pas entraîner l'application de toutes les règles de la liquidation.

Répartition des pouvoirs. Certes, en principe, **c'est le mandataire judiciaire qui exerce les fonctions dévolues au liquidateur**, mais l'article L. 631-22 du Code de commerce français indique que « *l'administrateur reste en fonctions pour passer les actes nécessaires à la réalisation de la cession* ». Il en résulte que l'organisation d'une cession dans une procédure dépourvue d'administrateur paraissait impossible. C'est pourquoi, lorsqu'une cession est envisagée dans une procédure de redressement judiciaire ne comportant pas d'administrateur, l'ordonnance française du 18 décembre2008 exige qu'il en soit désigné un. Le décret définit la répartition des tâches entre chacun d'eux **: l'administrateur** organise la préparation du plan de cession : il communique au greffe les caractéristiques de l'entreprise ou des branches d'activités susceptibles d'être cédées. Il fixe le délai pour soumettre les offres et le porte à la connaissance du mandataire judiciaire et des contrôleurs. Il reçoit les offres et réalise les actes de cession. Quant au **mandataire judiciaire**, il exerce les missions dévolues au liquidateur par les articles R. 642-8 (versement des sommes dues au crédit-bailleur), R. 642-18 (rapporté sur l'inexécution du plan de cession), R. 642-20 (avertissement du juge –commissaire si le concessionnaire veut revendre un actif) et R. 642-21 (rapport en cas d'atteinte à un élément donné en location-gérance). Il reçoit, en outre, le prix de cession et la répartition entre les créanciers.

Situation du débiteur. Le renvoi n'étant pas fait au chapitre 1er du titre IV, les règles qui y sont reproduites ne doivent pas s'appliquer à une cession organisée dans le cadre du redressement judiciaire. Par conséquent, le débiteur ne devrait pas être dessaisi de ses pouvoirs, du moins si un administrateur n'a pas reçu de mission de représentation et il devrait être apte à exercer une activité professionnelle. Si le débiteur peut présenter un plan de redressement, la procédure initiale se poursuit jusqu'au terme de la période d'observation et il convient de respecter les règles relatives à la consultation des créanciers antérieurs.

Distinction du débiteur et de l'entreprise. L'adoption du plan de redressement concerne le débiteur et la cession porte sur 'l'entreprise ». La loi française du 26 juillet 2005 effectue une distinction étonnante particulièrement pour un débiteur personne physique. Il faut en déduire que le plan de redressement concerne l'apurement progressif des dettes qui seraient encore dues après le versement du prix de cession et qui ne correspondraient pas au rachat de l'entreprise. C'est l'exécution de ce plan que surveillera le commissaire à l'exécution. La loi réalise une dissociation du patrimoine de l'entrepreneur individuel qui entérine l'existence d'un patrimoine d'affectation et qui est très critiquable.

Situation des créanciers postérieurs. Pareillement, le classement particulier des créanciers postérieurs dans la liquidation judiciaire, visé par l'article L. 641-13 du code de commerce français, est inclus dans le chapitre 1. Dès lors, en cas de distribution du prix de cession, c'est le classement de l'article L.622-17 du même code, beaucoup plus avantageux pour les créanciers postérieurs privilégiés, qui devrait logiquement s'appliquer, du moins si le débiteur obtient un plan de redressement.

Complexité du système. Au résultat de cette réglementation très lacunaire, l'organisation d'une cession dans la procédure de redressement apparaît d'une complexité extrême. Il est à craindre qu'elle dissuade les mandataires d'y recourir. Ce sont, peut-être, les créanciers postérieurs qui feront pression pour qu'il y soit procédé afin d'augmenter leurs chances de paiement, qui sont très limitées dans la liquidation judiciaire[117].

---

[117] Corinne SAINT-ALARY-HOUIN, *Droit des entreprises en difficulté, op.cit.*, ***PP 712- 715.***

CONCLUSION

Vers un régime particulier du traitement des entreprises en difficulté de l'industrie du Médicament.

L'étude des procédures collectives prescrites par le RSI (2005) a le mérite de nous entrainer vers un domaine jusqu'ici inexploré : celui du traitement du sort des entreprises et structures en difficulté relevant du domaine de la Santé.

Avec la dynamique créée par les différentes urgences de santé publique à portée internationale – plus accrues depuis les années 2000 – à savoir : l'émergence du syndrome respiratoire aigu sévère (SRAS) et le Coronavirus (Covid-19), le souci actuel de l'ensemble du système des Nations Unies est l'intensification du renforcement des capacités dans le secteur de la santé publique à travers le monde.

A cet effet, il y a lieu de s'interroger sur le fait de savoir : quelle serait la loi normalement applicable aux difficultés d'entreprises des entreprises relevant du secteur de la santé et participant au vaste processus de lutte contre la propagation internationale des maladies – notamment celles des compagnies pharmaceutiques, l'acte uniforme relatif aux procédures collectives d'apurement du passif OHADA ou le Règlement sanitaire International (RSI (2005)) ?

Prétendre – en l'état actuel du droit positif- répondre à une telle question passe nécessairement par une analyse des procédures visées par le RSI (2005).

Une première approche a consisté à présenter le RSI (2005) comme l'instrument fondamental pour la protection contre la propagation internationale – **la Norme**. Instrument qui prescrit aux Etats Parties d'utiliser les structures et ressources nationales existantes en vue de se doter des principales capacités requises pour faire face aux Pandémies.

Une deuxième approche a consisté à s'appesantir sur les composantes de cette ensemble normatif pour en comprendre le contenu.

Et une troisième approche essentiellement centrée sur l'analyse de l'organisation des différentes procédures collectives contenues dans le RSI (2005). Dans cette partie, force a été de constater que le modèle de procédure collective requis par le RSI (2005) est le « Redressement » en fonction soit des situations de risque pour la santé publique, soit d'urgence de santé publique de portée internationale.

A bien y observer, à la **question de savoir si le RSI (2005) est une réponse au solutionnement des entreprises, la réponse est affirmative**. Il ouvre – comme nous avons pu le démontrer dans cet ouvrage - un large éventail de mesures à mettre en œuvre à l'effet de restructurer les entreprises entrant dans le champ de la lutte contre les Pandémies. Et on sait qu'elles sont nombreuses et diverses.

Ne peut-on pas craindre que le RSI (2005) nous dirige vers **un régime particulier du traitement des entreprises en difficulté**, notamment ceux relevant du domaine de la santé ou mieux du domaine de la lutte contre la propagation internationale des maladies.

Ou plus spécifiquement – compte tenu du fait que dans le domaine de la Santé publique, le secteur qui fait le chiffre et donc qui subit à lui tout seul les affres du système impitoyable du monde des affaires est : l'industrie du Médicament – n'est–on pas en droit de penser, qu'avec cette incursion du RSI (2005) dans la pratique du droit des entreprises en difficulté, l'on se tourne résolument– après les banques et les assurances - **vers l'élaboration d'un régime particulier de traitement des difficultés de l'industrie du Médicament** ?

NOTES

NOTE1

Réflexions sur les capacités

On remarque ainsi que la notion de "capacités" est finalement au cœur de la définition du concept de développement socialement durable. Une analyse plus détaillée de cette notion va nous permettre de mieux en préciser les enjeux.

- **L'importance des structures de capacités face au risque**

1. L'approche par les "capacités" s'appuie notamment sur les travaux de A. Sen [118]. Pour atteindre un certain niveau de bien-être, il faut pouvoir "fonctionner" correctement — c'est-à-dire à la fois : "*faire et être"* (De l'anglais "*beings and doings*".) — et, ainsi, effectuer un certain nombre de réalisations : se déplacer, se loger, être en bonne santé, se nourrir de façon équilibrée, être socialement reconnu et respecté, pouvoir participer aux décisions collectives, etc... Ces réalisations ne peuvent avoir lieu que si l'on possède bien les capacités permettant de "faire" des choses et de parvenir à des "états d'être" donnés. La combinaison de cet ensemble de capacités que détient une personne, ou un ensemble de personnes, définit alors une "structure de capacités".
2. Cette structure présente, à tout moment, une configuration particulière qui exprime l'adaptation de la personne, ou de la société, à un certain nombre de contraintes. L'expérience montre que cette configuration reste relativement stable à court terme. En effet, pour une (*A la recherche du développement socialement durable: concepts fondamentaux et principes d (...) Développement durable et territoires, Dossier 3 | 2004)* personne donnée, le niveau d'éducation, l'état de santé, le réseau social, la capacité à travailler, les moyens financiers, etc., ne varient que faiblement, et le plus souvent à la marge, lorsqu'on considère une courte période de temps. Cette hypothèse de stabilité n'exclut pas la possibilité d'événements brutaux tels que les maladies ou les accidents. Il faut dans ce cas percevoir ces événements comme des perturbations de la structure de

[118] Amartya Sen

capacités. De même pour une société, la structuration de l'activité entre travail formel et travail informel, entre temps plein et temps partiel, la répartition des revenus et les modalités de redistribution, le poids de l'Etat, peuvent être tenues pour autant de modalités de structuration qui n'évoluent que lentement.

3. Or, si l'on considère les personnes, et les sociétés, comme agissant rationnellement, au sens où elles aménagent et optimisent cette configuration sous contraintes, alors toute perturbation excessive peut entraîner un réarrangement interne capable de provoquer des désordres sociaux graves. Imaginons, par exemple, le cas d'une société qui décide, du jour au lendemain, de passer d'un système de retraite par répartition à un système de retraite par capitalisation. Il est évident que les personnes proches de la retraite se trouveront dans une situation extrêmement délicate : elles n'auront pas eu le temps de capitaliser pour une retraite, l'ancien système étant par répartition, et se trouveront sans prestation possible dans le nouveau système. Une réforme aussi radicale, par son manque de temporalité, accroît le risque de pauvreté. Elle peut engendrer de fortes tensions sociales, de nombreux mouvements de protestation se transformant en conflits sociaux des plus durs. Une réflexion équivalente pourrait être menée concernant l'impact de certaines mesures de politique publique sur la structure de capacités des personnes.

   Plus généralement, toute perturbation sur la structure des capacités peut avoir pour effet de détruire certaines des capacités disponibles et obliger à une restructuration conséquente entraînant des réactions sociales violentes. Or, par essence, toute stratégie de développement, toute politique publique, implique des chocs sur la structure économique et sociale. Des chocs qui, s'ils sont infimes ou facilement assimilables par les acteurs à travers leurs structures de capacités, ne produiront aucune perturbation. Dans le cas contraire, il peut y avoir des conséquences très violentes remettant en cause le processus même du développement.

   C'est pourquoi, dans de telles perspectives, il devient essentiel de pouvoir évaluer le degré de vulnérabilité des personnes, et des sociétés, et leur possibilité de résistances aux chocs externes ou, autrement dit, leur capacité de résilience.

4. A ce niveau, on doit opérer une nette distinction entre la vulnérabilité des personnes, ou des sociétés, et la fragilité de leurs capacités.
5. La vulnérabilité d'une personne dépend de son ensemble de capacités. Plus précisément, c'est la façon dont elle combine ces capacités au sein d'une structure personnalisée qui lui permet de faire face aux risques encourus. Les personnes pauvres, par exemple, s'appuient plus fortement sur certaines capacités (travail, éducation, lien sociaux horizontaux), puisqu'elles ne possèdent pas forcément les autres (capital financier, liens sociaux verticaux). Leur structure de capacités est souvent fortement concentrée autour d'un petit nombre de capacités ce qui ne permet pas beaucoup de substitution. Le capital social représente l'une des plus importantes de ces capacités et s'exprime par des transferts monétaires *inter vivos* ou des allocations réciproques de temps.
6. L'analyse de la fragilité des capacités personnelles, ou sociales, face au choc est aussi importante que celle de la vulnérabilité des personnes. Elle a d'ailleurs un impact sur cette dernière car la destruction d'une capacité amène à un ré-agencement de la structure des capacités avec un effet sur le degré de vulnérabilité de la personne. Certaines capacités s'avèrent ainsi plus facilement fragiles dans un contexte donné alors que d'autres semblent plus robustes, car reconnues de façon permanente. Ainsi, par exemple, la capacité d'obtention d'un emploi dépend largement des qualifications personnelles, mais celles-ci sont sensibles aux évolutions du marché et aux changements technologiques. Dans ce contexte, les qualifications très spécifiques, liées à une technologie précise, voire à une entreprise particulière, présentent une forte fragilité face aux événements nouveaux, alors que les qualifications génériques demeurent utilisables en toutes circonstances.
7. Il résulte de cette situation que des stratégies de développement qui affectent les capacités :

- Par la destruction de certaines d'entre elles ou la modification de leur combinaison ;

4. A la recherche du développement socialement durable : concepts fondamentaux et principes d (...)Développement durable et territoires, Dossier 3 | 2004 peuvent conduire à des conflits entre groupes de populations ou,

à défaut, entraîner des migrations importantes. A moins que des réarrangements, sous forme de substitution, ne s'avèrent possibles au sein de la structure de capacités de façon à absorber les chocs. Mais ces substitutions ne sont pas automatiques et il est probable que des effets de seuil ou de cliquet jouent à cet effet. Par exemple, il est possible de remplacer du travail salarié par de l'aide familiale, un revenu individuel par du revenu social, mais uniquement dans certaines limites. Des limites qui sont marquées par des effets de seuil ou de cliquet au-delà desquels les effets attendus deviennent contrariés. Dans ce cas, la structure de capacités ne pouvant plus s'ajuster, elle devient inefficace pour assurer la sécurité des personnes et protéger de la pauvreté. C'est pourquoi, il est indispensable de connaître les niveaux de capacité des personnes, de s'interroger sur les possibilités de substitution entre capacités et de déterminer les seuils d'adaptation envisageables.

8. Plus précisément, lorsqu'on se réfère aux mesures des politiques de lutte contre la pauvreté, mises en œuvre dans un contexte socio-économique donné, on ne peut nier qu'elles ont un effet sur la structure des capacités des personnes. Tant que les limites de substitution entre capacités ne sont pas atteintes, la structure de capacités se reconstruit de façon à réduire la vulnérabilité de la personne. Mais il arrive que cette structure soit déstabilisée lorsque certains seuils d'adaptation sont dépassés alors même que l'on a voulu, de manière paradoxale, renforcer tout ou partie des capacités existantes. D'où le constat que les politiques sociales mises en œuvre pour réduire la pauvreté ou le chômage, peuvent détruire certaines capacités, renforcer la vulnérabilité des personnes considérées et engendrer des inégalités. Cela est particulièrement vrai pour les femmes, qui font face à une longue "chaîne d'inégalités sexuées"[15]. En raison de ces inégalités, des contraintes de temps et des responsabilités familiales qui en résultent, les seuils d'adaptation de leurs structures de capacités sont plus étroits. Pour éviter d'accroître leur vulnérabilité, il faut alors veiller à ce que les mesures mises en œuvre pour améliorer leur situation soient parfaitement adaptées et ciblées car tenant compte des structures des capacités existantes.

9. Dans un certain nombre de cas, la destruction des capacités peut être irréversible comme, par exemple, lors d'un accident de

travail, d'une maladie chronique, d'une incapacité à travailler. Dans la plupart des cas, une certaine réversibilité demeure possible à condition de donner du temps comme, par exemple, après la perte d'un emploi, la diminution du revenu, une maladie temporaire, des conflits sociaux, etc.

10. Dans un tel contexte, le développement socialement durable doit veiller à renforcer les structures de capacités en préservant, "en moyenne" et à l'intérieur de "seuils" à définir, les rapports entre certaines de ces capacités. Le développement, par les changements structurels qu'il induit, entraîne de manière inévitable une modification des capacités comme, par exemple, des changements dans les relations sociales, une baisse dans les transferts sociaux, et cela parallèlement à l'amélioration du revenu individuel. Dans ce contexte, une approche du développement qui se voudrait "stabilisante" imposerait alors de tenir compte de la fragilité des structures de capacités personnelles et sociales afin d'éviter tout choc excessif à court terme sur ces structures. Cela demande toutefois une bonne connaissance de ces structures de capacités et une méthodologie d'évaluation de l'impact des chocs sur les capacités.

NOTE 2

L'assistance

Conformément à l'article 52 de l'AUPCAP :

« *La décision qui prononce le redressement judiciaire emporte, de plein droit, à partir de sa date, et jusqu'à l'homologation du concordat de redressement judiciaire ou la conversion du redressement en liquidation des biens, assistance obligatoire du débiteur pour tous les actes concernant l'administration et la disposition de ses biens, sous peine d'inopposabilité de ces actes.*

Toutefois, le débiteur peut accomplir valablement, seul les actes conservatoires et ceux de gestion courante entrant dans l'activité habituelle de l'entreprise, conformément aux usages de la profession, à charge d'en rendre compte au syndic.

Si le débiteur ou les dirigeants refusent de faire un acte nécessaire à la sauvegarde du patrimoine, le syndic y procède sans délai. Il en est ainsi, notamment, lorsqu'il s'agit de prendre des mesures conservatoires ou de procéder au recouvrement des effets et des créances exigibles.

Le syndic doit également procéder sans délai à la vente des objets dispendieux à conserver ou soumis au dépérissement prochain ou à dépréciation imminent, après avoir obtenu une autorisation du juge-commissaire. L'autorisation du juge-commissaire lui est également nécessaire pour mettre en œuvre, tant en demande qu'en défense, toute action mobilière ou immobilière.

Si le syndic refuse son assistance pour accomplir des actes d'administration ou de disposition au débiteur ou aux dirigeants de la personne morale, ceux-ci peuvent l'y contraindre par décision du juge-commissaire obtenue dans les conditions prévues par les articles 40 et 42, alinéas 2 et 3 ci-dessus ».

Selon qu'il est écrit dans l'ouvrage du Droit des entreprises de Corinne St-ALARY-HOUIN (p. 656), l'article L.631-12 prévoit qu'outre les pouvoirs qui leur sont conférés par la loi, la mission d'administrateur est fixée par le tribunal.

Ce dernier les charges ensemble ou séparément d'assister le débiteur pour tous les actes relatifs à la gestion ou pour certains d'entre eux, *« ou d'assurer seuls, entièrement ou en partie, l'administration de l'entreprise »*. Si le débiteur est assisté, il exerce ses pouvoirs concurremment avec l'administrateur.

S'il est représenté, c'est l'administrateur qui exerce les pouvoirs qui lui sont reconnus par l'article L. 622-7, II (autorisation de faire des actes graves) et par l'article L. 622-8, alinéa 3 (substitution de garanties). Corrélativement, c'est l'administrateur représentant le débiteur qui doit être mis en cause en cas de reprise des actions en justice, en application de l'article L. 622-23.

Dans la procédure de redressement judiciaire, le débiteur peut donc être représenté par le ou les administrateurs et ne peut faire l'objet d'une simple surveillance.

Il est même prévu que si le débiteur est chargé d'assurer seul et entièrement l'administration de l'entreprise et que chaque seuil prévu à l'article L. 621-4 (3 millions d'euros et 20 salariés) est atteint, le tribunal désigne un ou plusieurs experts pour assister le ou les administrateurs dans leur mission de de gestion. Cette désignation et obligatoire et demeure facultative en dessous de ces seuils. La rémunération des experts est alors mise à la charge de la procédure.

Le débiteur ou les dirigeants perdent donc la maîtrise de leur affaire alors que, dans la sauvegarde, le rôle de l'administrateur ne peut dépasser l'assistance. Corollaire de ce transfert de pouvoirs à

l'administrateur, celui-ci est tenu au respect des obligations légales et conventionnelles incombant au débiteur.
Si le débiteur est frappé d'interdiction bancaire, l'administrateur fait fonctionner, sous sa signature les comptes bancaires et postaux dont il est titulaire.
En outre, c'est à l'administrateur qu'il incombe d'élaborer le projet de plan et, le cas échéant, de présenter aux comités des créanciers les propositions prévues à l'article L. 626-30-2. Il le fait, certes, avec *« le concours du débiteur »*, mais le débiteur n'a pas, comme en sauvegarde, un rôle de premier plan.

BIBLIOGRAPHIE SOMMAIRE

I. Les Codes, Conventions, Actes

- Charte des Nations Unies
- Constitution de l'Organisation Mondiale de la Santé (OMS)
- Règlement Sanitaire International (RSI (2005
- OHADA, traité et actes uniformes commentés et annotés. Juriscope. 2002.
- Convention régissant l'Union des Etats de l'Afrique Centrale (UEAC)
- Acte Uniforme relatif aux procédures collectives d'apurement du passif

II. Les ouvrages généraux

- Christine Diana NGO MOUSSI NSOLA, *Le droit au logement au Cameroun : de la normativité à la justiciabilité*, Editions universitaires européennes, Saarbrücken, 2012, P 98.

III. Ouvrages spécialisés

- Hans KELSEN, *Théorie Générale des normes*, 1ère ed., PUF, paris, 1996, P 604.
- Corinne Saint-ALARY-HOUIN, *Droit des entreprises en difficulté,* 7eed., Montchrestien, Paris, 2011, P 943.
- Jean Marie NYAMA, *OHADA : Droit des entreprises en difficulté, CERFOD*, éd. 2004 483p.

Thèses, Mémoires, cours

- Sylvie Renard-Dubois, Application du Règlement Sanitaire International (RSI), au niveau du département du Val-De-Marne (94) et de son aéroport international, Mémoire de l'Ecole des Hautes Etudes en Santé publique- Septembre 2008.
- Professeur Jean Didier BOUKONGOU, Cours de Droit internationale de la santé, MDH 21, JDB/DIS/2007/UCAC/boukongou@yahoo.fr (237) 77 51 613, P. 32.

IV. Articles de doctrines et séminaires

- M Bélanger, "Réflexions sur la réalité du droit international de la Santé, Numéro 2 _ 1985, 1 avril 1986, revue québécoise de droit international, https//www.sqdi.org/fr/reflexions-sur-la-realite-du-droit-a-la-sante/ p 19-s62.

- Désiré Avom, Daniel Gbetnkom, La surveillance multilatérale des politiques budgétaires dans la zone CEMAC : bilan et perspectives dans Développement, 2003, n°123, p107-125 : NUMERO 2003/3 (n°123) www.cairn.info.
- Vinc D. OKILA, *Conseil de sécurité et renforcement de la lutte contre les pandémies en vertu du Chapitre VII de la Charte des Nations Unies*, en ligne ;
- https://www.usherbrooke.ca/droit/fileadmin/sites/droit/documents/RDUS/volume_46/Okila.pdf (consulté le 25/05/2022 à 15h 09).
- Michèle POULAIN, « *La gestion par l'OMS des situations d'urgence sanitaire à portée internationale. L'exemple du syndrome respiratoire aigu sévère (SRAS)* », Actualité et Droit international, novembre 2003, en ligne :
- http://www.ridi.org/adi/articles/2003/200211pou.htm (consulté le 19Juillet 2016).
- Michel Poulain, Urgence sanitaire et droit internationale in Actualité et Droit International, mars 2022, P 7. www.ridi.org/ad

TABLE DES MATIERES

Structures éditoriales du groupe L'Harmattan

L'Harmattan Italie
Via degli Artisti, 15
10124 Torino
harmattan.italia@gmail.com

L'Harmattan Hongrie
Kossuth l. u. 14-16.
1053 Budapest
harmattan@harmattan.hu

L'Harmattan Sénégal
10 VDN en face Mermoz
BP 45034 Dakar-Fann
senharmattan@gmail.com

L'Harmattan Cameroun
TSINGA/FECAFOOT
BP 11486 Yaoundé
inkoukam@gmail.com

L'Harmattan Burkina Faso
Achille Somé – tengnule@hotmail.fr

L'Harmattan Guinée
Almamya, rue KA 028 OKB Agency
BP 3470 Conakry
harmattanguinee@yahoo.fr

L'Harmattan RDC
185, avenue Nyangwe
Commune de Lingwala – Kinshasa
matangilamusadila@yahoo.fr

L'Harmattan Congo
219, avenue Nelson Mandela
BP 2874 Brazzaville
harmattan.congo@yahoo.fr

L'Harmattan Mali
ACI 2000 - Immeuble Mgr Jean Marie Cisse
Bureau 10
BP 145 Bamako-Mali
mali@harmattan.fr

L'Harmattan Togo
Djidjole – Lomé
Maison Amela
face EPP BATOME
ddamela@aol.com

L'Harmattan Côte d'Ivoire
Résidence Karl – Cité des Arts
Abidjan-Cocody
03 BP 1588 Abidjan
espace_harmattan.ci@hotmail.fr

Nos librairies en France

Librairie internationale
16, rue des Écoles
75005 Paris
librairie.internationale@harmattan.fr
01 40 46 79 11
www.librairieharmattan.com

Librairie des savoirs
21, rue des Écoles
75005 Paris
librairie.sh@harmattan.fr
01 46 34 13 71
www.librairieharmattansh.com

Librairie Le Lucernaire
53, rue Notre-Dame-des-Champs
75006 Paris
librairie@lucernaire.fr
01 42 22 67 13

www.ingramcontent.com/pod-product-compliance
Lightning Source LLC
LaVergne TN
LVHW010942061026
849535LV00007B/2532
* 9 7 8 2 3 3 6 4 6 5 1 9 7 *